Friedrich Hoffmann

Tales from history - Historische Erzählungen

Friedrich Hoffmann

Tales from history - Historische Erzählungen

ISBN/EAN: 9783743408708

Hergestellt in Europa, USA, Kanada, Australien, Japan

Cover: Foto ©ninafisch / pixelio.de

Manufactured and distributed by brebook publishing software (www.brebook.com)

Friedrich Hoffmann

Tales from history - Historische Erzählungen

Heath's Modern Language Series

Tales from History

(Historische Erzählungen)

BY

Dr. FRIEDRICH HOFFMANN

EDITED WITH NOTES

BY

H. S. BERESFORD-WEBB

LATE ASSISTANT MASTER AT WELLINGTON COLLEGE

BOSTON, U.S.A.

D. C. HEATH & COMPANY

1890

PREFACE

No apology is necessary for introducing a selection from Hoffmann's *Tales from History*. The pure and easy style, the impressive and pathetic descriptions, the well-sustained interest, combined with the author's power of enlisting the sympathy of his readers, are in themselves sufficient excuses for their publication. In addition to this, being short and independent of one another, in schools where but little time is devoted to the language, the necessity of breaking off in the middle of a Tale at the end of the term will be obviated.

For permission to print these Tales I am indebted to Herr FERDINAND RIEHM of Bâle, the publisher of the complete edition of Hoffmann's *Historische Erzählungen*, a collection of twelve Tales, chiefly from German history.

H. S. B.-W.

August 1887.

CONTENTS

	PAGE
I. CONRADIN OF SUABIA,	1
II. THE END OF CHARLES THE BOLD,	13
III. THE EXECUTION OF LOUIS XVI. AND HIS QUEEN,	26
IV. THE FRANCO-GERMAN WAR (1870-1871),	41
NOTES,	73
INDEX TO NOTES,	105

I.

Konradin von Schwaben.

Pope Innocent IV. and the Hohenstaufens—Conradin's early years—
Charles of Anjou—Battle of Benevento—Manfred's heroic death—
State of Naples and Sicily—Conradin appealed to—He marches
into Italy—His misfortunes—Henry of Castille—Conradin's reception at Pavia and Rome—Battle of Scurcola—Surprised by the
French cavalry—Conradin's escape and capture by Frangipani—
Treachery of the latter—Charles's cruelty—Conradin's trial—
Sentence of death—His speech and execution—Legend of his
death—Retribution.

Im sechsundfünfzigsten Jahre seines Alters war Friedrich II. in Unteritalien verschieden (1250), ein Fürst von ausgezeichneten Geistesgaben, von hoher Bildung, ein Freund der Wissenschaften und der Künste, dazu ein Held voll Mut und Tapferkeit. Der Papst Innocenz IV., sein Todfeind, frohlockte über seinen Tod; dennoch war sein Haß gegen das Geschlecht der Hohenstaufen noch nicht erloschen, sondern er sann auf den völligen Untergang desselben. Er erklärte Neapel und Sicilien für ein Lehen, welches dem päpstlichen Stuhle heimgefallen sei, that Konrad IV., Friedrichs Sohn, welcher in Italien sein väterliches Erbe erkämpfen wollte, in den Bann und sprach ihm sogar sein schwäbisches Herzogtum ab; bald darauf klagte er ihn an, seinen Bruder Heinrich im Gefängnis vergiftet zu haben. Schon im Jahr 1254 starb Konrad im Neapolitanischen, wahrscheinlich durch Gift.

Sein Sohn war der unglückliche Konrad der Jüngere, gewöhnlich Konradin genannt, bei den Italienern Konradino. Er war erst zwei Jahre alt, als sein Vater starb; seine Erziehung leitete seine Mutter Elisabet von Bayern; sein Vormund war der leidenschaftliche und heftige Herzog Ludwig von Bayern, sein Oheim, an dessen Hofe er lebte. Er ward sehr sorgfältig unterrichtet, redete die lateinische Sprache fertig, hatte viel Sinn für Dichtkunst, wie er denn selbst mehrere Lieder gedichtet hat, und ein empfängliches Herz für alles Große und Edle. Er schloß eine innige Freundschaft mit Friedrich von Österreich, welchem, wie ihm, das väterliche Erbe entzogen war.

Es schien unmöglich, daß Konradins Ansprüche auf Neapel und Sicilien je zur Geltung kommen könnten. Nach Konrads Tod verteidigte sein ritterlicher, tapferer Halbbruder Manfred Unteritalien mit Glück und zwang die feindlichen Truppen, sich in den Kirchenstaat zurückzuziehen. Aber der Papst Urban IV. wollte um jeden Preis Neapel und Sicilien den Hohenstaufen entreißen; er bot das Königreich dem kräftigen, aber hartherzigen Karl von Anjou an, dem Bruder Ludwigs IX des Heiligen von Frankreich, unter der Bedingung, daß er es unter dem Beistand der Guelfen mit französischen Truppen erobern und einen jährlichen Tribut an den heiligen Stuhl zahlen solle. Anfänglich widerstand Manfred, obwohl mit dem Bannfluch beladen, mit großer Tapferkeit dem neuen Gegner; endlich aber wurde er in der Schlacht bei Benevent am 26. Februar 1266 von einem viel stärkern Heere angegriffen und, von den feigen Neapolitanern verlassen, geschlagen; er wollte den Tag nicht überleben, stürzte in das wildeste Getümmel und starb den Heldentod.

Neapel und Sicilien fielen nun in die Hände des grausamen Siegers; die besiegte Partei ward aufs äußerste verfolgt und mißhandelt; alle Güter wurden ihr abgenommen und kamen mit geringen Ausnahmen in die Hände der Sieger. Die Einwohner wurden durch Belastungen mit Steuern und Zöllen, durch Betrug und Wucher zur Verzweiflung gebracht, kein Recht war geachtet; das Eigentum war nicht mehr heilig, für niemand gab es Sicherheit mehr.

Da strömten Bedrängte und Flüchtlinge zu Konradin; Gesandtschaften auf Gesandtschaften kamen von den Gibellinen, um ihn zu bewegen, nach Italien zu ziehen und sein Erbe wieder zu erobern; mehrere Städte, wie Pisa, Pavia, Verona, Siena und andere, versprachen Geld und Mannschaft.

Konradin, ein echter Hohenstaufe, war bald entschlossen, dem Rufe zu folgen, aber seine Mutter warnte ihn; die Gefahr sei gewiß, stellte sie ihm vor, der Erfolg zweifelhaft, jede bisherige Erfahrung abschreckend. Italien sei allezeit der Hohenstaufen Verderben gewesen. Warum sich in die Hände der ungetreuen, arglistigen Italiener geben und einem vorgespiegelten Glücke nachjagen, während man hier im schönen Lande eines zwar bescheidenen, aber doch sichern Glückes genießen könnte?

Alle diese Gründe waren von Gewicht, aber nicht stark genug, den hohen Sinn des Jünglings zu beugen; er war entschlossen, alles für sein Recht zu wagen; in seiner Entschiedenheit fanden seine Freunde und Verwandte eine Bürgschaft für ein glückliches Gelingen; sein Stiefvater, der Graf Meinhart von Görz, sein Vormund, der Herzog Ludwig, erklärten, an dem Zuge

teilnehmen zu wollen; bald sammelte sich eine ritterliche Schar
um den Jüngling und im Herbst des Jahres 1267 zog er mit
10,000 Streitern über Bregenz aus dem deutschen Lande und
ward am 20. Oktober freudig und festlich in Verona empfangen.
Von allen Seiten strömten Gesandte herbei, welche neue Zu=
sagen gaben und die frühern erneuerten. Bald aber ver=
rauschte der erste Jubel, und da es dem jungen Fürsten an
Geldmitteln fehlte, so stimmten sich die Hoffnungen herab;
Herzog Ludwig zögerte, zu den bisherigen Vorschüssen noch
neue zu geben, kehrte mit dem Grafen Meinhart nach Deutsch=
land zurück, und in kurzer Zeit ward in Verona die Not so
drückend, daß viele, um sich zu erhalten, Roß und Wagen
verkauften, andere sich wieder heim nach Deutschland wandten.
So schmolz das Heer bis auf 3000 Streiter zusammen.

Dennoch blieb Konradin fest; auch gestaltete sich für ihn
bald manches günstig. Heinrich von Kastilien, ein vertriebener
Bruder des Königs Alfons X., ein Sohn Ferdinands III. und
der Beatrix von Hohenstaufen, hatte dem König von Tunis
einige Jahre mit Erfolg gedient und große Schätze gesammelt,
welche er nun in der Christenheit verwerten wollte. Er wandte
sich an seinen Verwandten, den König Karl, welcher ihn auch,
als er mit einer Schar von 500 bis 800 spanischen Reitern
landete, sehr freundlich aufnahm. Bald aber entspannen sich
Zwistigkeiten zwischen beiden, und Heinrich erklärte sich in
Rom, wo er Senator geworden war, öffentlich für die Hohen=
staufen. Zu gleicher Zeit empörten sich die Sarazenen in
Luceria gegen Karl, und als Konradins Ankunft in Neapel
bekannt wurde, sprach sich das Volk daselbst fast allgemein
für ihn aus. Dazu kam noch, daß auch eine große Partei in
Sicilien sich für den Hohenstaufen erklärte und die Flotte

Karls vernichtete. Dieser stand mit einem Heere in Tuscien und verließ die Provinz nicht, um das Vordringen seines Gegners zu beobachten und ihn zu schlagen.

Am 19. Januar erreichte Konradin Pavia, am 5. April Pisa, wo er mit großen Ehren- und Freudenbezeugungen empfangen wurde. Bald darauf gelang es ihm, als Karl sich zurückzog, beim Arno eine starke französische Heerschar zu vernichten; der Marschall Karl wurde mit 500 Rittern in diesem Treffen gefangen genommen. Über Toscanella und Vetralla zog er nach Rom. Daselbst hatte ihm der Senator Heinrich einen kaiserlichen Triumphzug vorbereitet. Männer und Frauen, mit Kränzen und Blumen geschmückt, zogen ihm entgegen; an den Thoren empfingen ihn die schönsten Jungfrauen Roms mit Gesängen und Tänzen; in den Straßen bis zum Kapitol waren alle Häuser mit grünen Gewinden, Blumen und Teppichen geschmückt, von allen Seiten her erscholl Jubelruf und festliche, freudige Begrüßung. Als Konradin auf dem Kapitol angekommen war und, von Rittern und Edeln umgeben, in jugendlicher Anmut und Schönheit vor dem Volke dastand, da wollte das Jauchzen desselben kein Ende nehmen. Dieser Empfang berauschte das Herz des jungen Helden; manche seiner Begleiter waren jedoch ernst und erfahren genug und kannten zu wohl den Wankelmut dieser Nation, als daß ihre Augen blind gegen die Gefahren gewesen wären, welche noch zu überwinden waren.

Ehe noch Konradin von Rom abzog, empfing er die freudige Nachricht, daß seine Flotte die französische geschlagen, und das Sicilien fast ganz in seiner Gewalt sei. Nach sieben Tagen, am 18. August, rückte er aus der ewigen Stadt und schlug einen andern Weg ein, als Karl erwartet hatte, er zog

über unbesetzte Berge gen Tivoli, das Thal des Tiber aufwärts in die Ebene von Carsoli gegen Alba und die palen-
135 tinische Ebene, in welchen Gegenden treue Anhänger seiner warteten. Er erreichte Scurcola in der palentinischen Ebene, welche vom Salto durchströmt wird. Sein Heer bezog ein Lager und in einer Entfernung von noch nicht zwei Stunden stellte Karl seine Truppen auf. Am folgenden Tag kam es
140 zur Schlacht. Sie wandte sich anfangs für Konradin glücklich, und die Deutschen sammelten und verteilten schon die Siegesbeute, da wurden sie plötzlich von der französischen Reiterei überfallen und nach allen Seiten hin auseinander gesprengt. Ein Versuch Heinrichs von Kastilien, das Verlorene
145 wieder zu gewinnen, mißlang. Karl schrieb an demselben Abend dem Papst einen Bericht über den gewonnenen Sieg und schloß mit den Worten: „die Schlacht war blutiger, als die bei Benevent; niemand weiß, wohin Konradin, Friedrich von Österreich und Heinrich von Kastilien geflohen sind." Der
150 Letztere hatte sich gerettet, ward aber an König Karl ausgeliefert, nachdem derselbe versprochen hatte, seines Lebens schonen zu wollen; die Ersteren begaben sich, von einer Schar Ritter und Edler begleitet, nach Rom, wo sie Beistand zu finden hofften.
155 Aber die Hoffnung zeigte sich trügerisch; die meisten von denen, welche den jungen Fürsten beim ersten Einzug mit so lautem Jubel begrüßt hatten, waren gegen den Geschlagenen gleichgültig; andere hielt die Furcht vor dem nahenden Sieger ab, dem Unglücklichen Teilnahme zu zeigen oder ihm Beistand
160 zu leisten.

Konradin entfernte sich deshalb wieder mit seinen Freunden aus Rom, traurig, aber doch nicht die Hoffnung aufgebend,

zu Schiffe Sicilien erreichen und von da den Krieg gegen
Karl fortsetzen zu können. Sie kamen zum Meer, bestiegen
einen Kahn und stachen in die See; da sandte ihnen Johann
Frangipani, der Herr Asturas, ein stark bemanntes Fahrzeug
nach, weil er aus den ihm überbrachten Nachrichten den
Schluß zog, die Eingeschifften möchten vornehme Flüchtlinge
sein, deren Fang ihm eine reiche Beute verhieß. Konradin
ward gezwungen, mit seinen Begleitern wieder ans Land zu
gehen; seine Besorgnisse schwanden jedoch, als er hörte, es
sei Frangipani, der ihn zurückbringen lasse.

Die Familie dieses Mannes war nämlich von Friedrich II.
mit Ehrenstellen und Wohlthaten überhäuft worden, und die
Hoffnung lag nahe, daß nicht alles Gefühl der Dankbarkeit
aus dem Herzen eines Frangipani entschwunden sein würde,
der vom Kaiser selbst den Ritterschlag erhalten hatte.

Aber die Hoffnung ward getäuscht; Konradin gab sich dem
Ritter sogleich zu erkennen; er forderte ihn auf, große Beloh=
nungen für die Zukunft verheißend, sich seiner gerechten Sache
anzunehmen, erinnerte ihn an alle die Wohlthaten, welche
seinem Hause und ihm von Seiten der Hohenstaufen zuge=
flossen seien, und sprach die zuversichtlichste Erwartung aus,
in ihm einen Freund und Helfer zu finden. Frangipani
zögerte; die Nachricht von dem, was geschehen, hatte sich
schnell verbreitet, und ehe der berechnende Italiener, dessen
Seele von keinem menschlichen Gefühle bewegt wurde, und der
nur seinen Vorteil abwog, zu einem Entschlusse zu kommen
vermochte, ward das Schloß, in welchem die Gefangenen
waren, von Truppen Karls umzingelt, deren Führer dem
Frangipani großen Lohn versprach, wenn er Konradin und
seine Gefährten sofort ausliefere, dagegen ihn mit dem Tode

bedrohte, wenn er dieselben zurückzuhalten oder gar sie zu befreien versuchen wolle.

195 Frangipani übergab die Gefangenen den Truppen Karls und im Triumphe führte man die Gebeugten zu dem grausamen Sieger.

Mit furchtbarem Hasse und mit unerhörter Grausamkeit bestrafte dieser die Anhänger des jungen Fürsten; mehreren 200 Römern, die von ihm zu dem Letztern übergegangen waren, ließ er die Füße abhauen und in einem Hause jämmerlich verbrennen; nicht bloß den Anführern, sondern Bürgern und Bauern ließ er Hab und Gut entreißen, die Stadt Alba zerstören; über 100 Einwohner von Corneto wurden gebunden 205 zu ihm geschickt; er ließ sie aufhängen. Ähnliche Greuel wurden überall verübt. Wie konnte man da dem Gerüchte trauen, daß gegen Konradin mit Milde verfahren würde?

Dennoch sollte der Schein gerettet werden. Karl ließ aus mehreren Teilen seines Landes Rechtsgelehrte nach Neapel 210 kommen, welche ein unparteiisches Urteil fällen sollten. Seine Anklage lautete: Konradin sei ein Empörer gegen die Kirche, ein Hochverräter an seinem rechtmäßigen König und Herrn, und es gebühre ihm, wie allen seinen Mitschuldigen, der Tod.

Die Richter hörten mit Schrecken und Erstaunen diese 215 Anklage und wagten anfangs nicht, gegen dieselbe etwas zu erwidern. Endlich trat der Rechtsgelehrte Guido, geboren in Suzara, hervor und sprach: „Konradin kam im festen Vertrauen auf sein Recht nach Italien und nicht als Empörer; mit den Waffen in der Hand und im offenen Kriege hat er 220 sein väterliches Erbgut wieder zu gewinnen versucht; dazu ist er als Flüchtling gefangen, und eines solchen zu schonen ist von jeher Recht und Sitte gewesen." Trotzdem, daß der

König nach diesen Worten persönlich anklagend gegen den
unglücklichen Konradin sich aussprach, verteidigte ihn doch der
edle Guido mit Freimütigkeit und vermochte alle übrigen
Richter bis auf Einen dahin, sich seiner Meinung anzuschließen
und die Gefangenen freizusprechen. Dadurch geriet der König
in Zorn und verurteilte, auf die eine richterliche Stimme sich
stützend, sämmtliche Gefangene zum Tode.

Konradin spielte Schach, als man ihm das Todesurteil
überbrachte; er blieb ruhig und gefaßt, schrieb sein Testament
nieder, in welchem er die Herzöge von Bayern, seine Oheime,
zu seinen Erben erklärte, beichtete und sah in stiller Fassung
und im Gebet seiner Hinrichtung entgegen.

Dicht vor der Stadt, wo man eine herrliche Aussicht über
das Meer und den Vesuv hatte, wurde in der Stille das
Blutgerüst aufgebaut. Am 29. Oktober 1268 führte man
die Verurteilten aus dem Gefängnis an diese Stätte, wo der
Henker ihrer wartete. Ihr Mörder, der König Karl, saß in
einem benachbarten Gebäude an einem Fenster, um sich an dem
Anblick seiner Schlachtopfer zu weiden, was mehr als alles
die Härte und tierische Grausamkeit seines Gemüts bezeichnet.
Jener eine Richter, welcher in der Sitzung des Rates die
Gefangenen des Todes für schuldig erklärt hatte, Robert von
Bari, erhob nun seine Stimme und sprach: „Versammelte
Männer! dieser Konradin, Konrads Sohn, ist aus Deutsch=
land gekommen, um rechtmäßige Herrscher anzugreifen; das
Glück hat ihn anfangs begünstigt, bis ihn unser siegreicher
König überwunden hat, und nun steht Er vor Gericht, welcher
glaubte, alle Gesetze und Rechte übertreten zu dürfen. Zur
Strafe dafür wird er nach den Ordnungen der Kirche und
nach dem Spruche der Weisen und Gesetzesverständigen mit

allen seinen Mitschuldigen als Empörer, Verräter und Räuber zum Tode verurteilt, und dies Urteil soll sofort vollzogen werden, damit daraus dem Lande kein weiteres Unheil erwachse." Nach diesen Worten hörte man ein allgemeines Murren, dem aber die Furcht keine weiteren Folgen gab; aber unter den gegenwärtigen französischen Rittern that sich eine drohende Stimmung kund; der eigene Schwiegersohn des Königs, Graf Robert von Flandern, stürzte mit gezücktem Schwerte auf Robert von Bari los, rief aus: „Wie darfst du, frecher Schurke, einen so herrlichen Ritter verurteilen?" und verwundete ihn so schwer, daß man ihn für tot hinweg trug. In der Sache aber änderte dies leider nichts. Das Urteil blieb unverändert. Nun trat Konradin vor und sprach: „Ich bin ein Sünder und habe vor Gott den Tod verdient, hier aber werde ich ungerecht verdammt; oder wer von allen Häuptern und Fürsten der Erde, wer von denen, für welche meine Vorfahren väterlich gesorgt haben, könnte den des Todes für schuldig achten, der sein und seiner Völker Rechte verteidigt? Und wenn auch ich schuldig wäre, wie darf man die Unschuldigen strafen, welche, ohne irgend eine Verpflichtung gegen andere, in löblicher Treue mir anhingen?" Alle Anwesenden wurden durch diese Worte gerührt, nur das Herz dessen, der hier allein Gnade üben konnte, blieb kalt und hart wie Stein. Da warf Konradin seinen Handschuh vom Blutgerüste hinab und bat, daß er dem Könige Peter von Arragonien als ein Zeichen überbracht werde, daß er ihm damit alle Rechte auf sein väterliches Erbe in Italien übertrage; der Handschuh wurde von dem Ritter Heinrich Truchseß von Waldburg aufgehoben, welcher den letzten Wunsch seines Fürsten erfüllte.

Konradin umarmte nun Friedrich von Österreich, warf sein Obergewand ab, hob Hände und Augen gen Himmel und rief aus: „Jesus Christus, Herr alles Erschaffenen, König der Ehren! soll dieser Kelch nicht an mir vorübergehen, so befehle ich meinen Geist in deine Hände!" Darauf kniete er nieder, richtete sich aber noch einmal empor und rief aus: „O Mutter, welches Leiden bereite ich dir!" Nach diesen Worten traf ihn der Todesstreich.

In diesem Augenblick schrie Friedrich von Österreich vor Schmerz und Jammer so laut auf, daß alle Umstehenden weinten. Aber auch er wurde hingerichtet; nach ihm der Graf Gerhard von Pisa; auf ausdrücklichen Befehl des Königs wurden dann die beiden Söhne des Grafen Galvan Lancia in den Armen ihres Vaters und danach dieser selbst getötet; auch damit war der Blutdurst des schändlichen Königs noch nich gestillt; noch andere wurden hingerichtet und die Zahl der so allmählich Gemordeten soll über tausend betragen haben. Ihre Leichen wurden nicht in geweihter Erde begraben, sondern entweder am Strande des Meeres oder auf der Begräbnisstätte der Juden verscharrt.

Die Sage erzählt, nach der Hinrichtung Konradins sei ein Adler aus der Luft herabgestoßen, habe einen Flügel in das Blut getaucht und sich dann wieder im schnellen Schwunge erhoben. Eine starke rote Porphyrsäule, über welche eine kleine Kapelle gebaut war, bezeichnete lange Zeit die Blutstelle, bis man sie vor ungefähr 40 Jahren zerstörte; jetzt steht ein Schenkhaus an der Stelle.

Das einst so mächtige und herrliche Haus der Hohenstaufen war untergegangen. Den König Karl traf schon auf Erden ein Strafgericht; er mußte erleben, daß durch die sicilianische

Vesper Sicilien verloren ging, seine Flotte geschlagen und sein eigner Sohn Karl gefangen genommen und zum Tode verurteilt wurde. Obwohl nun christliche Feindesliebe die Vollstreckung des Todesurteils verhinderte, so verzehrten doch Angst, Unruhe und Gewissensqualen die Kräfte des grausamen Königs. Er starb am 7. Januar 1287, wie Einige sagen, durch seine eigene Hand.

II.

Das Ende Karls des Kühnen.

Burgundy in the 14th and 15th centuries—The new dynasty—Early life of Charles the Bold—His violent disposition—Charles and Louis of France—Siege of Neuss—Conquest of Lorraine—The Swiss deputation repulsed—Charles advances on Switzerland—Siege of Granson—Heroism of the Swiss—Defeat of the Burgundians—Rich booty—Charles's diamonds—He resumes hostilities—Morat besieged—The struggle by the forest of Morat—Hertenstein's charge—Charles's despondency—Campobasso—The Duke of Lorraine collects an army—Defeat of the Burgundians by Nancy—Campobasso's treachery—Charles's flight—His death—His body plundered and left—The consequences of abuse of power.

Unter den Mächten Europas nahm im 14. und 15. Jahrhundert der burgundische Staat einen hohen Rang ein. Zu dem Herzogtum Bourgogne und der Grafschaft Hochburgund waren nach und nach alle niederländischen Provinzen gekommen, mit Ausnahme von Ober-Yssel, Utrecht und Gröningen; in diesen Ländern blühten Handel und Gewerbe; die kostbarsten Erzeugnisse und Stoffe, Tücher, Spitzen, Gewänder, Tressen wurden in feinstem Geschmack und in reicher Fülle in den großen bevölkerten Städten gearbeitet, welche nebst Genua und Venedig den ausgebreitetsten Handel führten und darin zu gewissen Zeiten selbst die Hansestädte überflügelten. Es waren vorzüglich die Venetianer, welche die über Egypten eingebrachten

ostindischen Waaren, die für den europäischen Norden bestimmt
waren, in die niederländischen Seestädte lieferten; dafür gaben
diese ihre kostbaren Produkte zurück, welche nach Italien und
für das Morgenland bestimmt waren.

Die reichen Städte erfreuten sich großer Freiheiten und
Gerechtsame; die Umgebungen derselben waren durch fleißigen
Anbau sehr verschönert und das ganze Land machte den an-
mutigen Eindruck der Wohlhabenheit.

Nach dem Erlöschen des sogenannten ältern burgundischen
Fürstenstamms zog der König Johann von Frankreich im
November des Jahres 1361 in das Herzogtum Bourgogne als
Lehnsherr ein; aber schon nach 2 Jahren ernannte er, den
Bitten der burgundischen Stände nachgebend, seinen vierten
Sohn, den von ihm vorzugsweise geliebten Philipp, zum Her-
zog von Burgund. Dieser erwarb durch Heirat auch den
größten Teil der Niederlande und ward der Stifter der neuen
burgundischen Linie. Er gehörte zu den mächtigsten Fürsten
Europas. Sein Sohn Johann, der Unerschrockene, sowie dessen
Sohn und Nachfolger, Philipp der Gute, vergrößerten das
Reich noch mehr. Nach dem Tod des Letztern 1467 trat sein
Sohn, Karl der Kühne, die Herrschaft über das schöne
burgundische Reich an.

Wir wollen hier nur eine kurze Übersicht über die Geschichte
seiner Regierung geben, bei seinen letzten Thaten und seinem
Tode jedoch länger verweilen. Er ist ein erschütterndes
Beispiel von der Unbeständigkeit des Glücks und von der
Hinfälligkeit menschlicher Größe.

Karl der Kühne, dessen Mutter Isabella von Portugal war,
wurde am 4. November 1433 in Dijon geboren. Er zeigte
sich schon als Kind ungemein lebendig und heftig; immer

verlangte sein Geist nach Beschäftigung und seine leibliche Kraft nach Übung; so war seine Zeit zwischen der Beschäftigung mit den Wissenschaften und der Erlernung ritterlicher Künste geteilt; er war erst im 18. Jahre, als er schon mit einem berühmten französischen Ritter eine Lanze brach.

In der ersten Zeit seiner Regierung zeigte er sich eben so gerecht als edel, und erregte die größten Hoffnungen; leider aber verwandelte der Besitz der Gewalt seine Gerechtigkeit in Härte, seinen Edelmut in einen ungemessenen Stolz, wozu noch eine ungezügelte Begierde nach höherer Macht und größerem Länderbesitz kam. Er verlor oft alle Selbstbeherrschung, wurde jähzornig und starrsinnig und es schien, als ob sein Herz alle Empfänglichkeit für sanftere Empfindungen verloren hätte. Alles das zeigte sich schon in seinem Benehmen gegen die Lütticher, deren blühende Stadt er fast in einen Schutthaufen verwandelte, sowie gegen die Genter, denen er schon zugestandene Freiheiten wieder entriß und die härtesten Geldbußen auflegte. Seine Begierde nach Besitz entzündete eine Reihe blutiger Kriege mit Frankreich und dem deutschen Reiche und verwandelte allmälig alle seine Nachbarn in erbitterte Feinde.

Man kann fast als gewiß annehmen, daß seine ehrgeizigen Absichten soweit gingen, alle Länder von der Südersee bis zum Elsaß, ja weiter zu einem großen Reiche zu vereinigen; also von Frankreich, wie von dem deutschen Reiche schöne Provinzen abzureißen und zuletzt auch die deutsche Kaiserkrone für sein Haupt zu gewinnen. Sein hartnäckigster Feind war der französische König Ludwig XI., ein Mann, der sich, in seinen Familienverhältnissen böse und hartherzig, als Regent undankbar und treulos, als Freund unzuverlässig zeigte be-

ständig nur in seinem Hasse gegen seine Feinde war, die er alle an List, Bosheit und Verschlagenheit übertraf. Diesen
75 Eigenschaften konnte auch die Kühnheit des Herzogs Karl auf die Dauer nicht widerstehen.

Im Jahre 1474 belagerte Karl die Stadt Neuß; er lag zehn Monate vor der Feste und verlor unnütz Zeit, Geld und Leute. In dieser Zeit war der Herzog René von Lothringen,
80 aufgereizt durch den König von Frankreich, in Luxemburg eingefallen; auch hatte Siegmund, Herzog von Österreich, mit Hilfe des elsassischen Ständebundes die Landschaften wieder erobert, welche er dem Herzog verpfändet hatte, aber trotz der angebotenen Rückzahlung des Pfandschillings nicht wieder er-
85 langen konnte; in demselben Jahre hatten auch die Schweizer, ebenfalls von Ludwig XI. angetrieben, dem Herzog einen Absagebrief zugeschickt, und einen Vogt desselben, den Ritter Archibald von Hagenbach, getötet und räuberische Einfälle in die benachbarten Provinzen gemacht.

90 Karl geriet in die äußerste Wut; er schloß sogleich einen neunjährigen Waffenstillstand mit dem König von Frankreich, hob die Belagerung von Neuß auf, stürzte sich mit aller Macht auf den Herzog von Lothringen, nahm ihm sein ganzes Land ab, das er auch nicht wieder herauszugeben gesonnen war, und
95 rüstete sich nun, um die Eidgenossen, welche er vorzugsweise haßte, zu strafen und zu vernichten.

Er begab sich nach Dijon und hielt einen feierlichen Einzug in die Stadt. Diese war mit Wällen und Gräben wohl versehen; vier Thore führten aus den Mauern, welche von
100 dreiunddreißig Türmen beschützt wurden. Der strenge Gebieter wurde unter dem Klange aller Glocken vom Jubelgeschrei des Volkes empfangen und begab sich in den gotischen Palast,

wo er zuerst die Stände des Herzogtums Burgund empfing, mit Ungeduld ihren Protest gegen eine neue Steuer vernahm und sie mit Rohheit abfertigte. Dann empfing er eine Gesandtschaft der Eidgenossen, welche Frieden bot, und schickte sie mit dem Bescheid heim, daß er bald an ihren Grenzen stehen werde; dann sollten die angesehensten Männer aus der Schweiz vor ihm erscheinen, jeder mit einem Strick um den Hals, eine Fackel in der Linken und das Schwert bei der Spitze gefaßt in der rechten Hand; in der Stunde würden sie vernehmen, unter welchen Bedingungen er, ihr Herr, ihnen Frieden zu gewähren gedenke.

Die Schweizer gaben darauf einen Absagebrief ab, und entfernten sich.

Bald darauf brach er an der Spitze eines zahlreichen Heeres durch die Pässe des Jura und zog vor die kleine befestigte Stadt Granson, nahe am Ausflusse des Neuenburger Sees gelegen. Diesen Platz hielten ungefähr 500 Eidgenossen besetzt, welche ihn erst übergaben, als sie keine Lebensmittel mehr hatten; der Herzog ließ sie sämtlich entweder an den Bäumen um die Stadt her aufhängen oder im Wasser ersäufen. Darauf rückte er dem Heere der Eidgenossen entgegen, welche seinem, nahe an 60,000 Mann starken Heere nur 15,000 Männer entgegenstellen konnten, mit denen sich zu Neuenburg noch ungefähr 5000 Deutsche unter der Führung des Herzogs von Lothringen vereinigt hatten. Auf diese hatte die Nachricht, daß Karl ihre Brüder wie Hunde aufgeknüpft hatte, einen ungeheuren Eindruck gemacht und mit lautem, wütendem Geschrei verlangten sie gegen den Feind geführt zu werden.

In der Morgendämmerung des 3. März 1476 zogen sie am See hinab gen Granson, entschlossen zu sterben oder sich zu

rächen. Vor einem Engpasse, der mit Reiterei besetzt wurde, während an den Abhängen burgundisches Fußvolk aufgestellt
135 war, trafen sie zuerst auf den Feind; der Herzog von Lothringen griff die Reiter an, die Eidgenossen stürmten die Anhöhen; bald floh der Vortrab des Heeres. In der nämlichen Zeit aber sah man schon eine ungeheure Staubwolke sich nähern, das ganze Heer Karls rückte in bester Ordnung
140 heran und stellte sich in Schlachtordnung. Die Sonne blitzte auf den metallnen Harnischen und glänzenden Waffen der Ritter; dichte Speersmassen droheten herüber und eine Anzahl von Schießmörsern wurde aufgestellt. Die Schweizer ordneten sich schnell in einer Geviertstellung und sanken dann auf ihre
145 Kniee, den Herrn der Heerscharen um Sieg anrufend. Der Herzog, in dem Wahne, sie bäten um Gnade, schrie laut, man solle sämtliche Geschütze auf die feigen Knechte abfeuern, eine andere Gnade sei von ihm nicht zu erwarten. Die Geschütze donnerten, aber sie thaten den Eidgenossen wenig Schaden,
150 weil fast alle Kugeln zu hoch gingen. Schnell erhoben sich die Schweizer; da stürmte die Reiterei auf sie ein; sogleich warf sich das erste Glied auf die Kniee und streckte mit dem zweiten die langen Speere aus, die Ritter und Reisigen zu empfangen. Es entspann sich ein blutiger, aber nur kurze Zeit dauernder
155 Kampf; die meisten Ritter wurden von den Rossen geworfen und erschlagen; was am Leben blieb, wandte sich zur Flucht und wurde vom Herzog von Lothringen aufgerieben. Die Eidgenossen aber, deren Kühnheit durch den Sieg über die gefürchteten Reiter noch gewachsen war, stürmten nun auf das
160 burgundische Fußvolk ein und schlugen dasselbe in die Flucht. Karl, zum erstenmal unglücklich, suchte die Fliehenden mit geschwungenem Schwerte aufzuhalten; vergeblich; das ganze

Heer blieb in Auflösung und die siegenden Eidgenossen verfolgten dasselbe in die sinkende Nacht hinein, bis niemand mehr seinen Kameraden zu unterscheiden vermochte, weit über das Lager hinaus. Der Herzog, nur von fünf Gefährten begleitet, entwich durch den nächsten Jurapaß und machte keinen Halt, bis er Mozrop erreicht hatte.

Die Schweizer, als sie ihre Verfolgung aufgeben mußten, sanken auf ihre Kniee und dankten dem Herrn für ihren großen Sieg. Ein Teil von ihnen, durch den Anblick ihrer an den Bäumen aufgehängten Brüder zu neuer Wut entbrannt, stürmten das noch von den Burgundern besetzte Schloß, dessen Besatzung sich zitternd ergab. Ein Teil davon wurde sofort an dieselben Bäume gehängt, von denen sie die Ihrigen wehklagend abnahmen; andere wurden vom Turme hinabgestürzt; nur wenigen verschaffte ihre Jugend Erbarmen.

Ungeheuer war die Beute, welche in dem Lager gefunden wurde; sie war Millionen an Wert; 400 große Geschütze, 800 Hackenbüchsen, 10,000 Pferde, eine große Menge anderer Waffen, schwere Armbrüste, Handbogen, zum Teil von kostbarer Arbeit, wurden gewonnen, dazu 27 Hauptbanner und mehr als 500 Fahnen. Von großer Pracht waren die erbeuteten Zelte, meist aus seidenen Stoffen; alles überragte das Zelt des Herzogs, welches äußerlich mit vergoldeten und Perlen besetzten Wappenschilden geziert, inwendig mit Sammet ausgeschlagen war; im schönsten Gemach stand sein goldener Stuhl, lag der herzogliche Hut, glänzte sein Prachtschwert, das mit Edelsteinen von hohem Werte ausgelegt war; sein Gebetbuch, ein goldener Rosenkranz, mit Edelsteinen statt der Kugeln, hochgeehrte Reliquien in prächtigen Kästchen, eine goldene Monstranz fand man in der Kapelle, in der Kanzlei

das große goldene Siegel vom Hause Burgund; in dem Zelte des Haushofmeisters eine Masse goldener und silberner Gefäße;
195 in den Reisekisten die prächtigsten Stoffe. Die Sieger staunten das alles an, ohne den Wert würdigen zu können; sie verkauften silberne Teller, die sie für Zinn hielten, für wenige Groschen; die goldgestickten Stoffe wurden zerschnitten und verteilt. Einen der größten Diamanten, welchen Karl einer Pro-
200 vinz gleich hielt und der auf der Flucht verloren wurde, verkaufte ein Krieger für einen Gulden. Einen zweiten, welchen der Herzog mit drei Rubinen und vier der größten Perlen als Halsspange getragen hatte, samt dem köstlichen wertvollen Hut kaufte Jakob Fugger; der Diamant kam zuletzt nach
205 Spanien. Ein dritter kam durch viele Hände in die französische Krone.

Eine Zeit lang verfiel Karl in tiefen Trübsinn; bald aber stachelte ihn Rachsucht und Wut auf und er machte unerhörte Rüstungen, um die Scharte auszuwetzen. In nicht gar langer
210 Zeit stand er wieder an der Spitze von 60,000 Mann und belagerte Murten. Die Eidgenossen hatten den Landsturm aufgeboten und rückten, ungefähr 30,000 Mann stark, zum Entsatze heran. Die Stadt Murten war, nach einer Feuersbrunst besser aufgebaut, mit Mauern umgeben, die von Türmen
215 gekrönt und mit einem zweifachen Graben geschützt waren; in letzter Zeit hatte man auch die Stadt mit Schanzen und Bollwerken befestigt. Der Herzog umringte dieselbe völlig bis zu dem See hin; bei dem ersten Sturme fiel ein großes Stück Mauer und die Burgunder liefen mit Siegesgeschrei heran;
220 da stand aber die lebendige Mauer unerschütterlicher Männer; 100 Burgunder fielen, die übrigen zogen sich zurück und in der Nacht ward der Schaden wieder gut gemacht. Nun folgten

glückliche Ausfälle und erneute vergebliche Stürme, bis endlich das Heer der Eidgenossen heranrückte.

Es war am 22. Juni, als in der Frühe, von einem Hügel gedeckt, in dem Murtener Bannwald die Schlachtordnung aufgestellt wurde. Die Vorhut führte der kriegskundige Ritter Hans von Hallwyl; den Gewalthaufen Hans Waldmann aus Freiburg, die Nachhut befehligte Kasper von Hertenstein. Als der Herzog von Burgund die Nähe der Feinde erfuhr, ließ er sein Heer sich ordnen; das Fußvolk in tiefe Säulen gesammelt, auf den Flügeln die Reiterei, ward der schweizerischen Vorhut entgegengestellt; das zahlreiche Geschütz, durch eine grüne Umzäunung und einen Graben gedeckt, stand vor der Front. Der Himmel hatte sich überzogen und es regnete stark.

Die Schweizer drangen vor, nachdem sie auf den Knieen gebetet hatten; als sie sich erhoben, brach die Sonne durch das Gewölk und Ritter Hallwyl rief aus: „Auf, ihr biedern Männer, Gott will uns leuchten, gedenket Eurer Weiber und Kinder!" Mit begeistertem Mute ging es vorwärts; die Vorhut zog sich links und das Hauptheer rechts, während Hertenstein den Rücken deckte; zugleich ordnete Hallwyl einen starken Trupp ab, um von der Seite einen Angriff auf die Geschütze zu machen. Diese entluden nun ihre Donner und die Eidgenossen erlitten einen nicht unbedeutenden Verlust, einen viel größern noch die verbundenen Lothringer. Da fiel der von Hallwyl beordnete Trupp dem Feinde in die Seite und bemächtigte sich des Geschützes; dies wurde gegen die Burgunder gerichtet, die sich langsam zurückzogen. Die Schweizer folgten und drangen bis zu dem gewaltigen Heerhaufen des Herzogs vor. Nun entspann sich ein furchtbares Gefecht, in welchem von beiden Seiten mit großer Tapferkeit gestritten wurde.

Endlich wurde das burgundische Heer zurückgeworfen und brachte auch die eigene Reiterei in Unordnung; noch einmal ermannte es sich; da drang plötzlich die Nachhut unter Hertenstein mit unwiderstehlicher Gewalt heran, stürzte alles vor sich nieder, ein Banner nach dem andern sank. Alles war verloren und auch Karl entfloh, noch mit 3000 Reitern, die sich aber unterwegs zerstreuten, so daß der Herzog, Tag und Nacht reitend, nur mit 30 Mann am Genfer See ankam.

Furchtbar war der Eindruck, den dies zweite ungeheure Unglück auf ihn hervorbrachte. Sein Blut schien zu stocken und man mußte die gewaltsamsten Mittel anwenden, um dasselbe wieder in Bewegung zu bringen. Sechs Wochen hindurch blieb er fast stumm, unthätig und voll Schwermut.

Die Eidgenossen dagegen und ihr Verbündeter Renatus von Lothringen benutzten den errungenen Sieg. Groß war abermals ihre Beute gewesen; drei Tage waren sie auf dem Schlachtfelde geblieben, dann zogen sie heim, überall mit Jubel empfangen. Der Herzog Renatus zog bald darauf siegreich in seine Hauptstadt Nancy ein.

Dies weckte den Herzog von Burgund aus seinem Schlummer; er überlegte wieder, immer noch seine treuesten Diener meidend, mit seinem Vertrauten, dem Verräter Campobasso. Dieser, ein Neapolitaner, der arm an Karls Hoflager gekommen und von dem Herzog mit Wohlthaten überhäuft war, stand schon mit dem König von Frankreich in Verbindung, um seinen Herrn zu verderben, als derselbe mit seinem schwachen, mutlosen Heere, wie es ihm übrig geblieben war, sich aufmachte und vor Nancy zog. So gefürchtet war trotz der Niederlagen noch sein Name, daß der Herzog von Lothringen es nicht wagte, sich ihm im offnen Felde entgegenzustellen. Er hatte Nancy mit Lombarden, Franzosen und Deutschen besetzt, andere Heerhaufen in die übrigen festen Plätze geworfen und begab sich persönlich über die tief beschneiten Berge zu den Eidgenossen, um ihre Hilfe in Anspruch zu nehmen. Es gelang ihm, durch seine rastlose Thätigkeit 8000 Schweizer und außerdem 12,000 Mann aus allerlei Volk zusammen zu bringen; mit diesem Heere näherte er sich am 2. Januar 1477 der hart bedrängten Stadt, welche im Begriff war, sich zu ergeben, da sie die Hungersnot nicht länger ertragen konnte.

Dem Herzog Karl rieten seine treuesten Ratgeber sich zurückzuziehen, aber er verwarf den Vorschlag und der Verräter Campobasso bestärkte ihn in seinem Entschluß. Noch einmal unternahm er einen wütenden Sturm auf die Stadt, der jedoch abermals zurückgeschlagen wurde.

Am Morgen des 5. Januar ließ er sich sein ausgezeichnetes schwarzes Streitroß vorführen. Als er aufsaß, fiel ein goldner Löwe, seine Helmzier, herab; da seufzte er: „Das ist von Gott!" und übergab einem Diener sein versiegeltes Testament. Er sprengte vorwärts. Die Aufstellung seines kleinen, 2000 Mann starken Heerhaufens war vortrefflich; der eine Flügel war durch einen Graben gedeckt, der andere durch Hecken und durch einen Zug schweres Geschütz. Ein allgemeiner Donner desselben eröffnete die Schlacht; der Herzog Renatus stürzt sich auf die burgundische Reiterei; diese hält den Angriff aus; plötzlich aber wirft Campobasso die rote Schärpe und das Andreaskreuz von sich und geht zu Renatus über; aber die Schweizer wollen mit dem Verräter nicht in einer Reihe fechten und er zieht sich zurück.

Die Schweizer unter Schneegestöber, durch welches wiederum die Sonne brach, erklimmen einen Berg und umgehen das

Heer des Herzogs von Burgund. Der befiehlt eine andere Stellung einzunehmen; da ertönt dreimal das Horn von Uri und im vollen Laufe stürzen die Männer herab; eine kurze Zeit hindurch wird gekämpft und der Herzog zeigt sich noch einmal tapfer und besonnen; bald aber widersteht nichts mehr dem furchtbaren Anprall der Eidgenossen und als die Besatzung von Nancy zu dem allen noch einen Ausfall macht und das burgundische Lager anzündet, so löst sich alles in schnelle Flucht auf. Der letzte Befehl des Herzogs lautete: „Nach Luxemburg!" Dann wird er selbst von dem Strome der Fliehenden mit fortgerissen; er ist von Entsetzen und Blut entstellt; ein Schlag hat ihn betäubt; kaum mehr seiner selbst mächtig sprengt er unter den Flüchtlingen dahin und gelangt auf dem Wege zu seinem Hauptquartier in einen sumpfigen Grund, welchen ein Bach durchschneidet. Er will über den Bach setzen, aber das Roß stürzt, das Eis zerbricht und er sucht sich emporzuringen. In dem Augenblick ereilt ihn der Feind; er ruft einem lothringischen Ritter zu: Sauve le Duc de Bourgogne! der Ritter, schwerhörig, versteht: Vive le Duc de Bourgogne! und verwundet den unglücklichen Fürsten mehrere male, zuletzt tötlich durch einen Schlag mit der Hellebarde auf's Haupt. Leblos sinkt der Herzog in den Bach. Der ihn erschlagen, Claude Beaumont, eilt weiter den Flüchtlingen nach, aber deutsche Krieger, welche herandringen, berauben den Leichnam seiner Gewänder und Waffen.

Auf diese Weise erzählen glaubwürdige Schriftsteller den Tod Karls des Kühnen; andere behaupten, der Herzog sei auf der Flucht durch einen der verruchten Mörder getötet worden, welche Campobasso in dem Heere seines Wohlthäters zurückgelassen hatte. Dieser treulose Mann hatte eine Stellung an einer Brücke genommen, über welche der Strom der Flüchtigen sich ergießen mußte, und die meisten von ihnen ließen da noch ihr Leben, als sie sich schon für gerettet hielten.

Erst am dritten Tage nach der Schlacht ward der Leichnam des durch seine Schuld so unglücklichen Herzogs aufgefunden; halb eingefroren, überdeckt mit geronnenem Blut, mit angeschwollenem Gesicht lag er da; nur seine nächsten getreuen Diener erkannten ihn an bestimmten Zeichen. Der Leichnam wurde mehrere Tage ausgestellt und dann feierlich in der Hauptkirche zu Nancy begraben. Herzog Renatus hatte an seiner Leiche gesagt: „Lieber Vetter, Ihr habt uns viel Unglück gemacht, Eure Seele habe Gott!"

An der Stelle, wo er fiel, steht ein steinernes Kreuz mit einer Inschrift; mancher, der vorüber geht, sagt sich wohl, daß nichts verderblicher ist, als Herrschsucht und der Mißbrauch der von Gott verliehenen Gewalt.

III.

Die Hinrichtung Ludwigs XVI. und seiner Gemahlin.

Corrupt state of France under Louis xiv. and xv.—The Neckar and Colonne Ministries—The States-General summoned—Advance of the Revolution—Louis before the National Convention—His impeachment and reply—Separated from his queen—Malesherbes' generous offer—Louis's defence—Speech of Desèze—Louis declares his innocence—Divisions in the Assembly—Louis condemned to death—His treatment in prison—Interview with his family—His last hours—The scene on the scaffold—'Frenchmen, I die innocent'—Louis's execution—Treatment of his family—Marie Antoinette in prison—Her trial and execution—Her sister-in-law shares her fate.

Das Königreich Frankreich war seit der Regierung Ludwigs XIV. in eine traurige Lage versetzt. Am Hofe, unter dem Adel, unter der Geistlichkeit selbst herrschte, mit einzelnen Ausnahmen, eine tiefe Sittenverderbnis; diese erreichte unter der Regentschaft und unter der Regierung Ludwigs XV. eine furchtbare Höhe und lockerte alle geheiligten Bande der Ehrfurcht, des Gehorsams und des Vertrauens im Volke auf. Eine bedenkliche Unzufriedenheit bemächtigte sich der Gemüter; die ungeheure Schuldenlast des Staates wuchs; die Bürger und Bauern konnten die Steuern und Abgaben kaum mehr erschwingen, die man von ihnen forderte, während der Adel auf seinen Gütern und die Geistlichkeit auf ihren fetten Prämden, oder in Paris, dem Sitze des hohen Klerus, schwelgte. Dazu waren durch vielgelesene Schriften Ideen in das Volk gedrungen, welche die Unzufriedenheit und Unruhe vermehrten, und besonnene Männer sagten mit Gewißheit voraus, daß ein solcher Zustand keine Dauer haben könne und daß eine gewaltsame Erschütterung des ganzen Staatsgebäudes unvermeidlich bevorstehe.

Am 16. Mai 1774 bestieg Ludwig XVI. den Thron, seit 1770 mit Maria Antoinette von Österreich vermählt; ein Fürst voll Herzensgüte, kenntnisreich, zu allem bereit, was sein Volk glücklich hätte machen können, aber ohne die Energie des Geistes, welche allein das Staatsschiff durch die Stürme und Brandungen zu leiten imstande war, in die es getrieben wurde.

Das Ministerium, das er berief, forderte Abschaffung der Frohndienste, Aufhebung der Klöster, Glaubens- und Gewissensfreiheit für alle Franzosen, die Entwerfung eines neuen bürgerlichen Gesetzbuches, — hatte sogleich den Adel, die ganze Geistlichkeit und die Parlamente gegen sich und mußte abtreten. Darauf trat der berühmte Necker an die Spitze des Ministeriums, verlangte nach manchen Zwischenfällen Gleichheit der Abgaben — und ward gestürzt. Calonne folgte ihm, welcher ein jährliches Defizit von 140 Millionen Livres bewirkte und in seiner Not dem König riet, eine Versammlung der Notabeln, d. i. der Vornehmsten unter den Beamten, der Geistlichkeit und vom Hofe zu berufen, damit dieselbe das Wohl des Landes in Beratung zöge und Mittel zur Abwendung der drohenden Gefahren vorschlüge.

Am 22. Juli 1787 wurde diese Versammlung eröffnet. Die Forderungen Calonnes wurden nicht bewilligt; der Erz-

bischof Brienne trat an seine Stelle, unfähiger noch, als sein Vorgänger. Man verlangte die Zusammenberufung der
45 Reichsstände, welche allein neue Steuern bewilligen könnten, und auch diese wurden am 5. Mai 1789 einberufen.

Immer mächtiger wuchs das Ungeheuer der Revolution heran; eine ruchlose That folgte nun der andern. In Paris fielen Greuelscenen vor; nach Versailles, wo die königliche
50 Familie residierte, zog ein bewaffneter Pöbelhaufe, ermordete die Leibwachen und führte den König und die Seinigen mit Gewalt nach Paris. Der Adel war abgeschafft worden und wanderte in Massen aus, ebenso verließen königliche Prinzen das Land; der König versuchte mit seiner Gemahlin und
55 seinen Kindern die Flucht, ward zu Varennes erkannt, nahe an der Grenze, und in die Hauptstadt zurückgebracht. Das wütende Volk erstürmte die Tuilerien, tötete die Schweizergarde und Hofleute, verhaftete den König und die Königin und führte sie als Gefangene in den Tempelturm (am 13. August
60 1792). Österreichs und Preußens Truppen überschritten, vereint mit den Ausgewanderten, die französische Grenze, mußten aber, schlecht geleitet und von ungünstigen Witterungsverhältnissen gezwungen, das unglückliche Land wieder verlassen.

65 Am 25. September 1792 ward Frankreich zu einer einigen und unteilbaren Republik erklärt, am 5. Dezember die Unverletzlichkeit des Königs aufgehoben und dem Nationalkonvent, der Regierung, die Macht, ihn zu richten, zuerkannt. Schon am folgenden Tag lud man den König vor,
70 am 7. Dezember übertrug man 21 Mitgliedern des Konvents die Anklageakte gegen ihn, und nach drei Tagen erstattete ein Mitglied einen Bericht. Am 11. Dezember wurde Ludwig

vor die Schranken gefordert und man las ihm die Anklageakte
vor. Alles, was der Hof gefehlt hatte, wurde dem schuldlosen
Monarchen persönlich zur Last gelegt; dann die Flucht nach
Varennes, — o daß sie doch gelungen wäre! — die Bewegungen
treuer Unterthanen zu seiner Errettung in den Provinzen,
geheimer Briefwechsel, der Einmarsch der deutschen Heere,
Verdoppelung der Schweizergarden u. s. w. Der natürliche
Entschuldigungsgrund für manches, die unrechtmäßig und
schändlicher Weise entrissene königliche Macht wieder zu erlangen, wurde nicht berücksichtigt. Der König antwortete auf
jeden einzelnen Punkt, der ihm vorgelesen wurde, nach der
Frage: was haben Sie zu antworten? ruhig, abgemessen,
sicher; einen Teil der Anklage erklärte er für unwahr, anderes
schob er mit Recht auf die verantwortlichen Minister; von der
Verfassung versicherte er sich nie entfernt zu haben. Er bat
um einen Anwalt als Verteidiger.

Nachdem man ihm in einem Salon einige Erfrischungen
gereicht hatte, führte man ihn in einem Wagen zu seiner
geängstigten Familie zurück. Aber nur seine Kinder durfte
er sehen; während der Dauer seines Prozesses sollte er von
seiner Gemahlin getrennt bleiben. Da man die Grausamkeit
so weit trieb, daß die Kinder nicht zu ihrer Mutter zurückkehren
sollten, so entsagte der König auch dem Umgang mit ihnen;
seinen Sohn hatte man wenige Stunden vor dem Verhör ihm
entrissen.

Nach langem Parteikampf bewilligte man dem unglücklichen
König Verteidiger; er wählte die Rechtsgelehrten Target und
Tronchet; der erstere lehnte die Wahl ab, der letztere nahm
sie an. Nun erbot sich Malesherbes, der früher Ludwigs
Minister gewesen und in Ungnade entlassen war, zu seinem

Beistande. Er schrieb an den Präsidenten des Konvents:
„ich wurde zu einer Zeit, wo mein Amt der Gegenstand des
Ehrgeizes war, zweimal in den Staatsrat dessen berufen, der
mein Gebieter war; jetzt fühle ich mich demselben zum Dienste
verpflichtet, wo viele diesen Dienst für gefährlich achten."
Man genehmigte das Gesuch des trefflichen, würdigen Greises,
gestattete auch, daß ein dritter Anwalt, der jüngere Rechtsge=
lehrte Desèze, ein sehr einsichtsvoller und freimütiger Mann,
zugelassen wurde.

Mit großem Eifer arbeiteten diese drei Männer, denen
kaum zehn Tage Zeit gelassen wurde, an der Verteidigung des
Königs; die Jakobiner aber, die Blutdürstigsten unter den
Republikanern, boten alles auf, um dieselbe nutzlos zu machen;
sie verbreiteten Schmähschriften gegen den König und wieder=
holten darin alle Anklagen gegen ihn, besonders solche, welche
vorzugsweise dazu geeignet waren, die Gemüter gegen ihn zu
erbittern, und machten sogar den Vorschlag, wenn der Konvent
länger zaudere, solle das Volk selbst das Richteramt über=
nehmen und nicht nur den König, sondern auch alle diejenigen
Glieder des Konvents hinrichten, welche für denselben gestimmt
hätten.

Die Verteidiger des Königs hatten ihre Arbeit vollendet
und teilten sie demselben mit. Der König tadelte daran den
zu großen Pathos und wünschte alles einfacher und schlichter.
Am 26. Dezember wurde er, begleitet von seinen drei Sach=
waltern, aus dem Tempel abgeholt. Er bestieg den Wagen
mit völliger Ruhe und besprach sich unterwegs mit seinen Be=
gleitern über allgemeine Gegenstände. In der Versammlung
angekommen, sprach der Präsident: Ludwig, der National=
konvent hat beschlossen, Sie heute zum letztenmal zu hören.

Der König antwortete: mein Sachwalter wird Ihnen meine Verteidigung vorlesen. Darauf begann Desèze seine Rede, welche die Versammlung schweigend und ohne Mißbilligung hörte. Sie verbreitete sich zuerst über die Grundzüge des Rechts und über die dem König zur Last gelegten Thatsachen. Sie schloß mit den Worten: „Höret, Franzosen, was schon heute die Geschichte dem Urteile der Nachwelt zuruft. Ludwig bestieg in seinem 20. Jahr den Thron und schon in seinem 20. Jahr gab er auf dem Thron ein Muster der Sittenreinheit. Er brachte auf denselben keine einzige strafbare Schwäche, keine einzige verderbliche Leidenschaft. Er war sparsam, gerecht, ernst; er bewies sich immer als den warmen Freund des Volkes. Das Volk verlangte die Abschaffung einer drückenden Auflage: er schaffte sie ab; es verlangte die Aufhebung der Leibeigenschaft: er begann damit zuerst in seinen eigenen Krongütern; das Volk verlangte Verbesserungen in der peinlichen Gesetzgebung, um das Schicksal der Angeklagten zu erleichtern: er machte diese Verbesserungen; das Volk verlangte, daß Tausende von Franzosen, welche durch ein hartes Herkommen von den Bürgerrechten ausgeschlossen waren, diese Rechte erhalten sollten: er ließ sie durch ein neues Gesetz derselben teilhaftig werden; das Volk wollte Freiheit: er gewährte sie ihm; er selbst kam ihm mit Opfern entgegen und doch fordert man heute im Namen desselben Volkes — Bürger, ich endige nicht — ich bleibe schweigend vor der Geschichte stehen; bedenket, daß sie euern Spruch richten, und daß ihr Gericht das aller Jahrhunderte sein wird."

Unmittelbar nach seinem Verteidiger nahm der König das Wort und sprach mit großer Rührung: „Sie haben meine Verteidigung gehört und ich werde sie nicht wiederholen; ich

spreche vielleicht das letztemal zu Ihnen und erkläre, daß mein Gewissen mir nichts vorwirft und daß meine Verteidiger die
165 volle Wahrheit gesagt haben. Eine öffentliche Untersuchung meines Betragens hat mir nie Furcht eingeflößt; aber es zerreißt mein Herz, daß man mich beschuldigt, ich hätte das Blut des Volkes vergießen wollen, und das Unglück des 10. August mir zugerechnet wird. Ich gestehe, daß die vielfachen Beweise
170 von Liebe, welche ich zu allen Zeiten meinem Volke gegeben habe, und die Art, wie ich mich gegen dasselbe verhalten, dafür hätte einen Beweis liefern sollen, daß ich gern mein Blut vergossen hätte, um das seinige zu schonen, und daß ich also diese Beschuldigung nicht verdiene."
175 Nach diesen Worten fragte ihn der Präsident, ob er noch etwas zu seiner Verteidigung zu sagen habe. Da der König dies verneinte, so bedeutete ihm der Präsident, daß er abtreten könne.

Da sein Verteidiger von der langen Rede sehr angegriffen
180 schien, so beschäftigte der König sich mit ihm in einem benachbarten Saale voll herzlicher Teilnahme, bestieg dann den Wagen und kam um 5 Uhr im Tempel an.

In der Versammlung erhob sich nach dem Weggang Ludwigs ein furchtbarer Sturm; in manchem Mitgliede des
185 Konvents war noch nicht alles Gefühl für Recht und Menschlichkeit erstorben, und diese, sie waren von der Partei der Girondisten, widersetzten sich dem wütenden Bestreben der Jakobiner, und es entspann sich ein heftiger Streit, in welchem Mitleid auf der einen Seite mit fanatischer Wut auf der
190 andern kämpfte, bis die letztere überwand. Der düstere Robespierre hielt eine durchschlagende Rede, welche mit dem Antrag endigte, Ludwig XVI. sogleich für schuldig zu erklären

III.] Die Hinrichtung Ludwigs XVI.

und zum Tode zu verurteilen. Andere Redner folgten ihm; drei Fragen wurden gestellt, und als sie beantwortet wurden, erklärten 386 Mitglieder des Konvents Ludwig XVI. der Verschwörung gegen die Freiheit der Nation und der verbrecherischen Verletzung der Sicherheit des Staates schuldig; am 7. Januar stimmten von 721 anwesenden Konventsgliedern 366 unbedingt für den Tod, die andern für Gefangenschaft bis zum Frieden und Verbannung, zwei für die Galeeren; einige stimmten für den Tod mit der Einschränkung, daß man untersuche, ob nicht die Hinrichtung aufzuschieben sei.

Vergebens traten die Verteidiger des Königs auf, um eine Berufung an die Nation zu bewirken. Man beschloß, binnen 24 Stunden solle die Hinrichtung durch den Ministerrat vollzogen und durch diesen auch der Beschluß dem König bekannt gemacht werden. Der Justizminister Garat, von mehreren Stadträten und Gerichtspersonen begleitet, erfüllte diesen Befehl des Konvents. Der König warf nach der Vorlesung des Dekrets einen ruhigen Blick auf alle Umstehenden, nahm den Befehl, steckte ihn in die Tasche und erbat sich drei Tage zur Vorbereitung auf den Tod, einen Beichtvater zum Beistand in seinen letzten Stunden, den Priester Edgeworth, einen Irländer, die Erlaubnis seine Familie zu sehen und für dieselbe das Recht, Frankreich zu verlassen. Garat begab sich sogleich hinweg, um dem Konvent Bericht zu erstatten; dieser bewilligte dem König nur den Beistand des Geistlichen und den Umgang mit seiner Familie, verweigerte aber den Aufschub der Hinrichtung und erklärte, das Volk werde für die Hinterlassenen Sorge tragen.

Ludwig war mit vieler Ruhe in sein Gemach zurückgekehrt und verlangte sein gewöhnliches Mahl einzunehmen. Man hatte die Messer weggenommen und weigerte sich, sie ihm zu geben. Glaubt man denn, sprach er mit Würde, daß ich so 225 feige sei, mir das Leben zu nehmen? Ich bin unschuldig und werde furchtlos zu sterben wissen.

Gegen Abend kam der Geistliche an, mit dem er Thränen der Rührung weinte; längere Zeit unterhielt er sich mit ihm über die Geistlichkeit Frankreichs, über mehrere Bischöfe, 230 namentlich über den Erzbischof von Paris, dem er die Versicherung zu geben bat, daß er als treuer Bekenner des Christentums sterbe. Um 8 Uhr verließ er den Geistlichen, um eine Zusammenkunft mit seiner Familie zu halten; diese sollte in dem mit einer Glasthüre versehenen Speisesaal ge= 235 halten werden, damit man alles beobachten könne. Dahin begab sich der König, ließ Wasser auf einen Tisch stellen, um im Notfall den Prinzessinnen Hilfe leisten zu können, und ging dann sehr bewegt im Zimmer hin und her; um halb neun Uhr trat die Königin herein, den Dauphin an der Hand, die 240 Prinzessin Elisabeth und die Tochter des Königs stürzten sich unter Schluchzen in seine Arme; von Verzweiflung ergriffen waren alle unfähig zu reden; nichts als Wehklagen und lautes Weinen war zu vernehmen. Endlich wurde die Unterredung ruhiger, und die Prinzessinnen, welche den König immer 245 umschlungen hielten, sprachen eine Zeit lang leise mit ihm. Nach einer ziemlich langen Unterredung, die jedoch öfter durch trauriges Stillschweigen unterbrochen wurde, erhob sich Ludwig und versprach andern morgens um 8 Uhr sie alle nochmals wiedersehen zu wollen. In diesem Augenblicke hielt ihn die 250 Königin an dem einen Arm, die Prinzessin Elisabeth an dem andern; seine Tochter hielt seinen Leib umfaßt und der Dauphin stand vor ihm, die eine Hand der Mutter, die andere

der Tante reichend. Beim Scheiden fiel die junge Prinzeſſin
in Ohnmacht und wurde hinweggetragen. Erſchüttert und
erſchöpft kam der König in ſeinem Zimmer an. Als er ſich 255
beruhigt hatte, ſprach er mit ſeinem Beichtvater; um Mitter=
nacht legte er ſich zu Bett; ſein treuer Kammerdiener Clery
bewachte ſeinen friedlichen Schlaf.

In Paris war es zu dieſer Zeit ſehr unruhig. Ein Soldat
von der Leibwache des Königs hatte einen ſeiner Richter 260
erſtochen; es verbreiteten ſich Gerüchte, daß die Royaliſten
den König noch am Fuße des Blutgerüſtes befreien wollten;
die Jakobiner erklärten ihre Sitzungen für permanent und
befahlen, daß das ganze Volk unter die Waffen treten ſolle.

Am 21. Januar um 5 Uhr erwachte der König, ließ ſich 265
ruhig ankleiden und drückte ſeine Freude aus, daß der Schlaf
ihm ſeine Kräfte wiedergegeben habe. Dann beichtete er, hörte
die Meſſe und empfing das heilige Abendmahl; darauf erteilte
er Clery ſeine letzten Aufträge an ſeine Familie, die er nicht
wiederſehen mochte, um ſich und ihr den Schmerz des letzten 270
Abſchieds zu erſparen. Die Gemeindebeamten erſchienen und
er erbat ſich eine Schere, um ſich ſelbſt die Haare abzuſchnei=
den, damit es nicht durch die Henker geſchehe; aus Mißtrauen
ſchlug man ihm dieſelbe ab. Draußen wirbelten die Trom=
meln; die Nationalgarde ſtellte ſich auf, der Konvent, der 275
Stadtrat, die Miniſter, die Jakobiner waren verſammelt; in
vielen Wohnungen hatte man die Fenſter mit Läden ver=
ſchloſſen; ein Aufſtand und ein Verſuch, den König zu befreien,
wurden für etwas Wahrſcheinliches gehalten. Um 8 Uhr
erſchien eine Deputation im Tempel, um den König abzuholen. 280
Dieſer erhob ſich ruhig, beauftragte Clery nochmals, ſeiner
Gemahlin, ſeiner Schweſter Eliſabeth und ſeinen Kindern ſein

herzliches Lebewohl zu bringen, und gab ihm ein Siegel,
Haare und andere Kleinode für seine Lieben; dann drückte er
ihm die Hand und dankte ihm für seine Dienste; beim Weg-
gehen bat er einen der Gemeindebeamten, einen ehemaligen
Priester, sein Testament dem Gemeinderat zu übergeben.
Dieser antwortete ihm in einem rohen Ton: er sei beauftragt,
ihn zum Tode zu führen, aber nicht, um Aufträge von ihm
anzunehmen. Ein anderer übernahm es, und der König gab
mit Festigkeit das Zeichen zum Besteigen des harrenden Wagens.
Neben ihn setzte sich der Priester, Offiziere der Gensdarmerie
saßen auf dem Vordersitze; sie hatten den Auftrag, den König
niederzustoßen, wenn ein Versuch zu seiner Befreiung gemacht
werden sollte. Selbst diese Männer rührte die Ergebung des
unglücklichen Monarchen, der auf dem langen Wege zum
Richtplatz in dem Brevier seines Beichtvaters die Gebete eines
Sterbenden las. Zwischen zwei Reihen von Bewaffneten
bewegte sich der Wagen langsam und in allgemeiner Stille
vorwärts. Um das Schafott herum war ein großer Platz frei
gelassen worden, den Kanonen umgaben; die wildesten Repub-
likaner, mit Pöbel untermischt, umgaben die Stelle. Kurz
nach 10 Uhr kam der Wagen mit dem König an, welcher
denselben mit Ruhe und Festigkeit verließ. Drei Henker
traten vor, ihn zu entkleiden; er wies sie zurück; als man
ihm die Hände binden wollte, widerstrebte er voll Unwillens.
Da sagte ihm sein Beichtvater: „leiden Sie diese Beschim-
pfung im Andenken an das Vorbild Ihres Erlösers, von dem
Sie Ihren Lohn empfangen werden." Geduldig ließ er sich
nun binden und auf das Blutgerüst führen; da riß er sich
plötzlich von seinen Henkern los, trat einen Schritt vor und
sprach mit klarer, lauter Stimme: „Franzosen, ich sterbe

unschuldig; ich beging die Verbrechen nicht, deren man mich
bezichtigt; ich wünsche, daß mein Blut nicht über Frankreich
komme!" Er wollte weiter reden, aber Trommelwirbel über‍tönte seine Stimme. Die Scharfrichter ergriffen ihn; während
das Beil fiel, rief Edgeworth aus: „Sohn des heiligen
Ludwig, steige auf zum Himmel!"

Man zeigte das abgeschlagene Haupt dem Volk; der Pöbel
schrie: Hoch lebe die Nation! hoch die Republik! Viele tauch‍ten ihre Schnupftücher in das Blut des Königs, andere tanzten
um das Blutgerüst, andere liefen durch die Straßen der Stadt,
mit lautem Geschrei das Geschehene verkündend. Der Leich‍nam ward sogleich auf dem Magdalenen-Kirchhof begraben
und, um seine Zerstörung zu beschleunigen, mit Kalk beschüttet.

Die Bitte Ludwigs an den Nationalkonvent, man möge
seiner Familie gestatten, den Tempel zu verlassen und sich an
eine Stätte zu begeben, welche sie wählen möchte, wurde nicht
erfüllt; die Unglücklichen blieben im Gefängnis; ihre Lage
ward nicht erleichtert, sondern ihre Leiden vermehrten sich.
Man raubte ihnen selbst den letzten Trost, den des Zusammen‍seins; am 3. Juli 1793 nahm man den Dauphin aus den
Armen seiner Mutter und übergab ihn der Aufsicht des
Schusters Simon, welcher ihn auf das Schändlichste be‍handelte, so daß er schon im zwölften Jahre seines Lebens
starb. Einen Monat nach dieser Trennung, am 2. August
früh um 2 Uhr, drangen Beamte des Gemeinderats in das
Zimmer der Königin, zwangen sie, sich anzukleiden, durch‍suchten sie und ließen ihr nichts als ein Schnupftuch und ein
Riechfläschchen. Darauf führte man sie in die Conciergerie, ein
neben dem Justizpalast gelegenes Gefängnis, in welchem die
zur Hinrichtung bestimmten Verhafteten aufbewahrt wurden.

Dies geschah auf einen Beschluß des Konvents vom 1. August, „daß Marie Antoinette, die Witwe Ludwig Capets, vor das
345 Revolutionsgericht gestellt und von demselben gerichtet werden
sollte." Ihr Gefängnis war eng und klein und man bewilligte
ihr nur das Notwendigste zum Leben. Ein Versuch ihrer
Freunde, ihr tröstliche Mitteilungen zu machen, wurde entdeckt
und verschlimmerte ihre Lage; Wachen standen Tag und Nacht
350 an der Thür ihrer Kerkerzelle, denen jede Unterredung mit
ihr oder die Beantwortung einer Frage bei Todesstrafe unter=
sagt war. Nur die Wasser= oder Holzträger durften, von
Kommissarien begleitet, die Zelle betreten. Die Prinzessinnen,
welche im Tempel geblieben waren, erlitten dieselbe harte
355 Behandlung; man entriß ihnen kleine Andenken, auf welche
sie großen Wert legten; man raubte der Prinzessin Elisabeth
80 Louisd'or, welche sie von der treuen Prinzessin Lamballe
empfangen hatte, und suchte sie auf alle Weise zu quälen und
zu ängstigen.
360 Die Königin war seit dem Ausbruch der Revolution ebenso
verhaßt, als sie vorher beliebt gewesen war; man hatte die
schändlichsten Beschuldigungen über sie verbreitet; man be=
hauptete, sie habe den König zu allen Verbrechen verleitet, eine
geheime Regierung unterhalten und Frankreich an Österreich
365 verkauft.

Am 14. Oktober erschien sie vor dem Blutgericht. Die
Anklage lautete: sie habe den öffentlichen Schatz verschleudert,
teils aus Vergnügungssucht, teils durch große Gaben an ihren
Bruder, den König von Österreich; sie habe die Truppen gegen
370 das Volk aufgereizt, durch Intriguen auf die Regierung ein=
gewirkt; sie habe die Flucht des Königs ersonnen und vorbe=
reitet, mit den feindlichen Feldherrn im geheimen Briefwechsel

gestanden und noch seit ihrer Gefangenschaft fortwährend
Pläne gemacht, die Republik zu stürzen und ihren Sohn zum
König zu machen. Es wurden Zeugen aufgestellt, die Anklage 375
zu beweisen; aber es konnte in keiner Beziehung eine
entscheidende Thatsache aufgestellt werden.

Die Königin blieb bei allen diesen Anklagen ruhig und
fest; sie war sehr bleich, ihre Augen waren eingefallen; sie
trug ein einfaches schwarzes Trauerkleid, das sie seit dem Tode 380
ihres Gemahls nicht wieder abgelegt hatte. Als einer der
Zeugen behauptete, sie habe ihren Sohn zu schändlichen Lastern
angehalten, um ihn dann leichter beherrschen zu können, sprach
sie in großer Gemütsbewegung und mit erhobener Stimme:
„Ich glaubte, daß die Natur mir die Antwort auf eine solche 385
Beschuldigung ersparen würde und berufe mich auf das Herz
aller hier anwesenden Mütter." Diese Antwort rührte alle
Anwesenden. Einige Zeugen aber sprachen auch für die unglückliche Königin; der eine rühmte ihren Mut im Unglück,
andere entkräfteten Beschuldigungen, welche man gegen sie er- 390
hoben hatte. Sie selbst wiederholte mit Besonnenheit und
Kraft, daß keine bestimmte Thatsache gegen sie vorliege, daß
Entstellungen der Wahrheit keine Beweise seien, und daß sie
als Gemahlin Ludwigs XVI. auch nicht die mindeste Verant-
wortung für die Regierungsmaßregeln desselben trage. 395

Dennoch erklärte der öffentliche Ankläger sie für über-
wiesen; die Anstrengungen ihres Verteidigers blieben ohne
allen Erfolg; sie ward verurteilt, wie ihr Gemahl auf der
Guillotine zu sterben.

Ruhig vernahm sie ihr Todesurteil; ruhig, doch nicht ohne 400
Thränen verbrachte sie die letzte Nacht in ihrem Gefängnisse;
am 10. Oktober in der Frühe wurde sie, von einer unermeß-

lichen Volksmenge begleitet, auf den Richtplatz geführt; als sie
die Tuilerien erblickte, ward sie von einer heftigen Bewegung
durchschauert; nur einen Augenblick, dann stieg sie schnell
die Leiter hinauf, warf einen gleichgiltigen Blick auf das Volk,
welches ihr so oft zugejauchzt hatte und gab sich ohne ein Wort
in die Hände der Henker. Ihr Haupt fiel und der Scharfrichter zeigte es dem Pöbel, welcher laut schrie: Nieder mit
der Tyrannei! es lebe die Republik!

Sieben Monate nachher erduldete ihre Schwägerin, Ma-
dame Elisabeth das gleiche Schicksal. Sie war sowohl in den
Tagen des Glückes, als in denen des Unglücks ein Muster der
Güte und Frömmigkeit gewesen und man konnte ihr nichts
vorwerfen, als daß sie die beständige Gefährtin ihres Bruders
und ihrer Schwägerin im Kerker, ihre Helferin und Trösterin
gewesen sei, und daß sie aus dem Gefängnis einen Briefwechsel mit den ausgewanderten Prinzen unterhalten habe.

Nur die Tochter des Königs, Therese, spätere Herzogin von
Angoulême überlebte die Zeit der schändlichen und fluch-
würdigen Schreckensregierung. Nachdem dieselbe gestürzt war,
wurde die Prinzessin in Folge von Unterhandlungen, welche
mit dem österreichischen Hof angeknüpft waren, aus ihrer Gefangenschaft befreit, nach Basel gebracht und daselbst gegen
gefangene Franzosen ausgewechselt.

IV.
Der deutsch-französische Krieg.
1870–1871.

Causes of the war—Leopold of Hohenzollern—Benedetti's demands—
War declared—The three German armies—Napoleon's proclama-
tion—The three French armies—French victory at Saarbrücken—
German victories at Weissenburg and Wörth—Fall of the French
Ministry—Advance of the German armies—German successes—
The King of Prussia under fire—Gravelotte—'To Paris'—Before
Sedan—Surrender of the Emperor Napoleon and capitulation of
Sedan—Excitement in Paris—Deposition of the Emperor—The
Provisional Government—Paris invested—Fall of Strassburg—
Garibaldi and his *franc-tireurs*—Enthusiasm of the German nation
—Paris during the siege—The army of the Loire—Fall of Metz—
Result of the news in Paris—The Commune—Battle of Orleans
and defeat of the army of the Loire—Fresh German successes—
Attempted relief of Belfort—Garibaldi withdraws—Belfort sur-
renders—Sortie from Paris—Distress in the capital—King William
proclaimed Emperor of Germany—Paris capitulates—Armistice—
Peace negotiations—Entry into Paris—Peace concluded—A united
Germany.

Im Jahre 1868 war die Königin Isabella von Spanien verjagt und eine Republik in jenem Lande errichtet worden.— Die Mehrzahl des Volkes wünschte jedoch wieder einen König zu haben. Die spanische Regierung fragte deshalb im Jahre 1870 bei dem Prinzen Leopold von Hohenzollern-Sigmaringen 5 an, ob er den Thron dieses schönen Reiches nicht besteigen wolle.— Dieser willigte ein.— Nun hatten die Fürsten von

Hohenzollern im Jahre 1849 ihr kleines Land freiwillig an
Preußen abgetreten und galten seither wie ihre erbberechtigten
Söhne als preußische Prinzen. — Napoleon und seine Minister
wollten nun nicht dulden, daß ein preußischer Prinz spanischer
Herrscher würde, und zeigten sich sehr gereizt, als sie die
Thronbewerbung Leopold's, welcher doch mit Napoleon nahe
verwandt war, vernahmen. — Der französische Gesandte in
Berlin, Graf Benedetti, erhielt deshalb die Weisung, sich nach
Ems, wo König Wilhelm von Preußen sich einer Kur wegen
aufhielt, zu begeben, und von demselben zu verlangen, daß
dieser dem Prinzen Leopold die Annahme der spanischen Krone
verbieten solle. Dazu verstand sich aber König Wilhelm nicht.
Prinz Leopold war selbständig, und die Spanier konnten
wählen, wen sie wollten: wie hätte er da etwas gebieten oder
verbieten sollen? Die Franzosen nahmen jedoch eine immer
drohendere Haltung an. Man atmete daher ordentlich auf,
als bekannt wurde, Prinz Leopold habe freiwillig auf den
Thron verzichtet. Der Friede galt nun wieder für gesichert.
König Wilhelm selbst ließ nun Benedetti mitteilen, daß er die
Angelegenheit hiemit als abgemacht betrachte. Die französische
Regierung wollte aber Preußen gedemütigt sehen und war
mit dieser Erklärung nicht zufrieden. Der französische Minister
Gramont schämte sich nicht, dem König zuzumuten, daß er sich
in einem Schreiben an Napoleon III. verpflichten solle, nie=
mals einzuwilligen, wenn jene Throncandidatur noch einmal
auftauchen sollte. Der Gesandte erhielt am 13. Juli die
Versicherung des Königs, daß er die Verzichtleistung des
Prinzen Leopold billige; jene Zumutung aber, mit welcher
Benedetti sich zudringlich auf der Brunnenpromenade an den
König drängte, wurde abgelehnt. Als der Gesandte einige

Stunden darauf eine dritte Audienz erbat, um seine Forderung zu wiederholen, wurde er vom König nicht mehr empfangen, sondern durch den Flügeladjutanten darauf verwiesen, daß der König seinen Willen schon kundgegeben habe. Diese Zurückweisung wurde in Paris als eine Ehrenkränkung Frankreichs angesehen und der Krieg an Preußen erklärt. König Wilhelm kehrte am 15. Juli in seine Hauptstadt Berlin zurück. Seine Reise war ein Triumphzug, und auf allen bedeutenden Stationen begrüßten ihn Zurufe des Vertrauens und hoffnungsreicher Zuversicht. Noch an dem Abend seiner Rückkehr beschloß der König die Mobilmachung der preußischen Armee; am nächsten Tage erfolgte die Mobilmachung des übrigen norddeutschen Bundesheeres. Auch in Süddeutschland durchbrachen die Wogen der Begeisterung die bisher gegen den Norden noch festgehaltenen Schranken. Der König Ludwig II. von Bayern erklärte sofort, daß er treu dem Schutz- und Trutzbündnisse an Preußen sich anschließe.— Diese Entscheidung, welche der nationalen Sache kräftigen Aufschwung geben half, wird in der deutschen Geschichte nie vergessen werden. Auch in Württemberg schlossen sich die Regierung und alle Parteien der deutschen Sache an. Baden, dem französischen Angriff am nächsten liegend, bethätigte seinen patriotischen Eifer durch die schleunige Verproviantierung von Rastatt und durch die Sprengung der Rheinbrücke bei Kehl, um einen Eisenbahnüberfall von Straßburg aus unmöglich zu machen. Die Hoffnung, welche Napoleon III. auf einen Abfall dieser Staaten von der vaterländischen Sache gesetzt hatte, zerstob solchen Thatsachen gegenüber. Deutschland wurde in diesen schweren, aber herrlichen Tagen von den Alpen bis zur Nordsee ein lebensvoller Name, und mit Zuversicht wurde der Gedanke

ausgesprochen, daß aus diesem Kriege das deutsche Reich
wiedererstehen würde.

70 Vom 16. Juli ab hatte die Mobilmachung der deutschen
Heeresteile begonnen, und so trefflich war alles gerüstet, so
genau vorbereitet, daß nach elf Tagen die Armeen kriegsfertig
standen und nach weiteren acht Tagen an den Ufern des Rheins
sich aufstellten. Mit staunenswürdiger Schnelligkeit und Si-
75 cherheit führten lange, unaufhörlich sich folgende Eisenbahnzüge
die Truppen nach Westen hin. Sie wurden überall mit Begeisterung empfangen, und in dem Anblick dieser unermeßlichen
Kriegerscharen erhob sich im Volk die Hoffnung zur Gewißheit
des Sieges. Es wurden drei Armeen gebildet; die erste,
80 unter General Steinmetz, mit drei Armeekorps von Koblenz
nach der Saar; die zweite, unter Prinz Friedrich Karl, mit
sieben Korps von Mainz und Bingen nach der Saar; die
dritte, unter dem Kronprinzen von Preußen, mit sechs Korps
von Rastatt und Mannheim nach der Lauter hin. Bei der
85 dritten Armee standen die süddeutschen Bundestruppen, Bayern, Württemberger und Badenser. Der Kronprinz war in
München, Stuttgart und Karlsruhe mit der größten Begeisterung empfangen worden. Die Verteidigung der norddeutschen Küsten gegen die französische Flotte wurde dem
90 General Vogel v. Falkenstein anvertraut. Am Abend des
31. Juli verließ König Wilhelm, begleitet von Bismarck,
Moltke und Roon, seine Hauptstadt; er hatte vor seiner
Abreise eine Proklamation an sein Volk erlassen. Am 2.
August traf er in Mainz ein und richtete hier eine Proklama-
95 tion an das deutsche Heer. „Ich übernehme heute," so
schloß er dieselbe, „das Kommando über die gesammten Armeen und ziehe getrost in einen Kampf, den unsre Väter in

gleicher Lage einst ruhmvoll bestanden. Mit mir blickt das ganze Vaterland vertrauensvoll auf euch. Gott der Herr wird mit unsrer gerechten Sache sein."

Napoleon III. hatte einige Tage nach der Kriegserklärung die Sitzungen des gesetzgebenden Körpers geschlossen und in einer Proklamation an das französische Volk versucht, Preußen als die Macht anzuklagen, welche überall Mißtrauen erweckt, überall zu übertriebenen Rüstungen genötigt und aus Europa ein Lager gemacht habe, in welchem Unsicherheit und Furcht vor der nächsten Zukunft herrschen. Aber waren es nicht eben diese Anklagen, welche Europa Napoleon III. entgegen halten mußte? Er war es, dessen Ehrgeiz den Frieden nicht gedeihen ließ. Am 23. Juli ernannte er seine Gemahlin für die Dauer seiner Abwesenheit zur Regentin. Sie begab sich sogleich nach Cherbourg, um die Flotte vor ihrer Abfahrt in die Nordsee zu sehen und mit einer Proklamation zu begrüßen. Am 28. Juli ging der Kaiser, mit ihm der kaiserliche Prinz, von St. Cloud nach Metz ab und übernahm hier den Oberbefehl über die Rheinarmee. Diese versammelte sich in und um Metz in einer Stärke von 200,000 Mann; hier stand die Garde unter General Bourbaki, hier befehligten die Marschälle Canrobert und Bazaine. Eine zweite, die Südarmee, 100,000 Mann stark, stand unter Marschall Mac Mahon bei Straßburg; zu ihr gehörten die afrikanischen Truppen, die Turcos und Spahis und auch die Zuaven. Eine dritte Armee wurde im Lager bei Chalons zusammengezogen.

So standen sich nun Deutsche und Franzosen, die beiden Hauptvölker der germanischen und der romanischen Rasse, „beide zu einem heilsameren Wettkampfe berufen, als zu dem der Waffen," zu blutiger Entscheidung bereit, einander gegen=

über. Das übrige Europa, neutral bleibend, blickte mit
Spannung auf die ersten Schläge des furchtbaren Waffen=
ganges.

Napoleon III. eröffnete den Feldzug am 2. August mit
einem Angriff auf die preußische Grenzstadt Saarbrücken, welche
von 2 Bataillonen Infanterie, gegen 1800 Mann, 3 Schwa=
dronen Uhlanen und 4 Kanonen besetzt war. Gegen diese
kleine Schar rückten 3 französische Divisionen mit 6 Batterien
heran. Es war ein ruhmloses Schaustück, um eine Sieges=
nachricht nach Paris senden zu können. Die Preußen zogen
sich tapfer fechtend, ihrer Instruktion gemäß, auf das rechte
Saarufer zurück; Saarbrücken wurde zwei Tage lang von den
Franzosen besetzt. Der kaiserliche Prinz war gegenwärtig
gewesen. Paris berauschte sich in ungemessenem Siegesjubel;
dieser „Sieg von einer französischen gegen drei preußische
Divisionen" wurde als der Anfang einer neuen Geschichts=
periode begrüßt. In Deutschland, wo der Zusammenhang
dieses Ereignisses noch nicht bekannt war, machte dieser Anfang
des Krieges einen verstimmenden Eindruck.

Aber diesen französischen Übermut trafen bald zermalmende
Niederlagen. Der Kronprinz von Preußen ergriff am 4. August
die Offensive und rückte südwärts auf Weißenburg vor.
Hier traf er auf den Feind und erfocht einen vollständigen
Sieg. Die von den Franzosen besetzte Stadt wurde genommen,
der südlich nahe liegende Geisberg erstürmt; General Douay
fiel im Kampfe. In diesem ersten Gefecht hatten Preußen
und Süddeutsche vereinigt gefochten und treue Waffenbrüder=
schaft geschlossen. Das Siegestelegramm blitzte wie ein
freudiger Glanz durch Deutschland hin. Zwei Tage darauf,
6. August, stieß die weiter vormarschierende dritte Armee auf

Mac Mahon selbst und seine gesammte Armee. Er hatte bei Wörth eine sehr feste Stellung genommen, und es kostete ein schweres und blutiges Ringen, ihm diese Vorteile zu entreißen, aber die Festigkeit und Ausdauer der Deutschen errang den für den ganzen Feldzug bedeutungsvollen Sieg. Mac Mahon's Heer ward in die Flucht geschlagen, der Marschall selbst verwundet, zwei Generale fielen, 8000 Mann waren tot oder verwundet, 6000 gefangen, 2 Adler, 6 Mitrailleusen, 40 Kanonen erbeutet. Aber der Sieg kostete den Deutschen auch 10,000 Tote und Verwundete. An demselben Tage wurde auch bei Spicheren, südlich von Saarbrücken, heftig gekämpft. Saarbrücken war von den Preußen wieder besetzt worden, die Franzosen unter General Frossard standen auf dem Höhenzuge bei Spicheren in einer für uneinnehmbar zu haltenden Stellung. Gegen die Höhen richtete die Armee des General Steinmetz ihren Angriff und erstürmte dieselben mit unerschütterlicher Bravour. Der Feind mußte das Schlachtfeld räumen. 27 preußische Bataillone hatten hier 52 französische Bataillone geschlagen. Der Verlust betrug auf jeder Seite gegen 4000 Mann, bei den Franzosen noch 2000 Gefangene. Unter den Gefallenen des siegenden Heeres befand sich der General François. Durch diese drei Schlachten bei Weißenburg, Wörth und Spicheren war die Überlegenheit der Deutschen entschieden, bei den Franzosen zeigte sich schon eine arge Lockerung der militärischen Zucht und Ordnung. Überall in Deutschland jubelte man den Siegesnachrichten entgegen; nun war es, als könne es nicht mehr anders sein, als daß der Süden und der Norden zusammengehöre.

In Paris brach, als die Nachrichten vom Kriegsschauplatz bekannt wurden, ein heftiger Unwille und ein kaum zu be=

schwichtigender Sturm gegen die Regierung aus, allerdings noch
nicht in Straßentumulten, denn das Seine-Departement wurde
190 in Belagerungszustand erklärt, sondern im gesetzgebenden
Körper, welcher schleunig einberufen worden war. Das Ministerium Ollivier mußte abtreten, seine Stelle nahm das sogenannte Ministerium der Mamelucken ein, unbedingte Anhänger
des Kaisertumes, unter dem Vorsitz des Grafen Palikao. Aber
195 das Kaisertum selbst wankte bereits, denn schon forderten
einzelne Redner die Abdankung Napoleon III. In diesen
Tagen, wo der Haß gegen Deutschland alle Rücksichten der
Humanität vergaß, wurde die Ausweisung der in Paris und
Frankreich lebenden Deutschen beschlossen und mit barbarischer
200 Härte durchgeführt. Auch bei der Armee geschahen bedeutende
Veränderungen. Der Kaiser legte das Oberkommando nieder
und übertrug dasselbe dem Marschall Bazaine. Der Chef des
Generalstabes, Marschall Leboeuf, wurde abgesetzt und trat
wie Ollivier und Gramont ins Privatleben.

205 Der Kronprinz von Preußen mit der 3 Armee war sogleich
nach seinen Siegen durch die Vogesenpässe in Lothringen eingedrungen und erreichte am 12. August Nancy. Mac Mahon
hatte sich weiter nach Chalons zurückgezogen, um hier seine
Armee neu zu organisieren. Die kleineren Festungen in den
210 Vogesen ergaben sich oder wurden eingeschlossen. Zur Belagerung Straßburgs entsendete der Kronprinz die badische
Division und preußische Truppenteile. Auch die 1 und 2
Armee rückten vom 7. August ab in Frankreich vor, mit ihnen
König Wilhelm, welcher am 11. die Grenze überschritt. Stein-
215 metz ging gerade auf Metz los, Prinz Friedrich Karl mehr
südwärts auf Pont-à-Mousson. Da beschloß der französische
Oberfeldherr, Bazaine, Metz nur besetzt zu halten, mit dem

Groß seiner Armee aber sich an die Maas nach Verdun und weiter auf Chalons zurückzuziehen, sich hier mit Mac Mahon's neugebildeter Armee zu vereinigen und dann mit einer Stärke von 300,000 Mann die Entscheidungsschlacht zu liefern. Diesen Plan wollte man im deutschen Hauptquartier um keinen Preis zur Ausführung gelangen lassen, es sollten vielmehr die 1 und 2 Armee vereinigt dem Abzug des Feindes sich entgegenstellen, ihn nach Metz zurückwerfen und dort eingeschlossen halten. Diese Pläne führten zu den großen, entscheidenden Schlachten bei Metz am 14., 16. und 18. August. Vor allem kam es darauf an vor den Feind zu kommen und ihm die Straße nach Verdun zu verlegen. Da nun aber die 2 Armee trotz der angestrengtesten Märsche noch nicht soweit heran war, um diese Absicht auszuführen, so hielt die 1 Armee am 14. durch die Schlacht bei Courcelles, östlich vor Metz, die Franzosen fest und gewann dadurch einen Tag für den Marsch der 2 Armee. Am 15. begann der Abzug aus Metz nach Verdun hin. Der Kaiser mit seinem Sohn war in der Mitte der Truppen, verließ aber dieselben und begab sich auf einem Umweg nach Verdun, von da nach Chalons. Schon hier war er ein fast bedeutungsloser Mann, auf welchen man wenig Rücksicht mehr nahm. Die Franzosen waren am 15. vorsichtig und mit geringer Schnelligkeit marschiert, während die Deutschen in Eilmärschen vorwärts gingen. Am 16. hatten die vordersten Truppen die Straße nach Verdun bei Mars la Tour erreicht und warfen sich, ihre geringe Zahl nicht achtend, dem andringenden Feinde entgegen. Sechs Stunden lang haben hier die tapferen brandenburgischen Regimenter unter General von Alvensleben standgehalten; mit gleichem Opfermut die Garde-Cavallerie, deren Schwadronen den feindlichen

Feuerschlünden entgegenstürmten und wie niedergemäht dahinsanken. Endlich kam die Hülfe heran und die Franzosen wurden in der Richtung auf Metz zurückgedrängt. Um teuren Preis wurde dieser Sieg des Prinzen Friedrich Karl bei Mars la Tour oder Vionville errungen, denn ein Dritteil der wackeren Kämpfer lag tot oder verwundet auf dem Schlachtfelde, aber der Erfolg war entscheidend. Die Vereinigung der feindlichen Heere war gehindert. Noch einmal versuchte es Bazaine, welcher sich auch den Sieg des Kampfes vom 16. zuschrieb, den Rückzug nach Verdun zu erzwingen; er rüstete sich am 17. für den folgenden Tag zur Schlacht. Aber auch König Wilhelm hatte alle seine verwendbaren Heerscharen auf das linke Moselufer herangezogen. Gegen 12 Uhr Mittags am 18. August begann diese Schlacht, in welcher 180,000 Deutsche unter Anführung des Königs gegen 160,000 Franzosen stritten. Letztere hatten auch hier die Vorteile der Stellung auf einem durch Schanzen, Schützengräben und Verhane noch verstärkten und mit 500 Kanonen und 150 Mitrailleusen besetzten Höhenzuge. Nach zwei Stunden des Kampfes waren die Deutschen bis zum Angriff auf diese feindliche Hauptlinie vorgedrungen. Auf beiden Seiten wurde mit größter Tapferkeit gefochten. Vier Stunden lang wütete hier schon der Kampf, das Gebrüll der Kanonen hörte keinen Augenblick auf, dazwischen klang der seltsam knarrende Laut der Mitrailleusen. Die Franzosen hielten stand und starben; die Deutschen stürmten vorwärts und starben; beide zu Hunderten, ja zu Tausenden. Schon schienen alle Anstrengungen des rechten Flügels der Deutschen, welchem das Terrain besonders ungünstig war, vergeblich zu sein; auf dem linken Flügel kämpfte die preußische Garde mit ungeheuern Opfern gegen St. Privat, ohne doch dies Bollwerk

nehmen zu können; der Abend kam über diesem furchtbaren
Hin- und Herwogen der Schlacht heran. Da endlich hatte
das pommersche Armeecorps, in Eilmärschen heranziehend, 280
das Schlachtfeld erreicht, stürmte nun unwiderstehlich heran-
dringend die Höhen von Rezonville und warf die Franzosen
bis an das Fort St. Quentin zurück. Bei diesem Ansturm
geriet der König selbst, wie einst bei Königgrätz, ins Granat-
feuer. Wie hier die Pommern, so traten auf dem linken 285
Flügel die Sachsen gegen 8 Uhr in das Gefecht ein und
erstürmten mit der Garde vereinigt das mit verzweifelter
Entschlossenheit verteidigte St. Privat. Nach neun Uhr schwieg
das Feuer auf der weiten Walstätte, auf welcher wohl 40,000
Tote und Verwundete die Erbitterung des Kampfes bezeugten. 290
Bazaine führte in der Nacht seine Truppen und sein Geschütz
hinter die Festungswerke von Metz zurück. Dieser schwere,
aber große Sieg bei Gravelotte entschied über das Schicksal
der französischen Rheinarmee. Sie war abgesperrt von dem
übrigen Frankreich. Um sie hier festzuhalten, schloß Prinz 295
Friedrich Karl mit sieben Armeecorps und hinzugekommenen
Landwehrtruppen, mindestens 200,000 Mann, die Festung
Metz in weitem Umkreise ein. Aus drei andern Corps (die
Garde, die Sachsen, das 4 Corps) und dem größten Teile
der Reiterei wurde eine neue Armee, die Maasarmee, gebildet 300
und unter den Befehl des Kronprinzen von Sachsen gestellt.
General Steinmetz wurde zum Gouverneur im Großherzogtum
Posen ernannt.

Mac Mahon, bei dessen Armee sich der Kaiser befand, hatte
nach den Ereignissen bei Metz beschlossen, nach Paris zu 305
marschieren und gestützt auf die Forts dieser Riesenfestung
das deutsche Heer zu erwarten. Denn König Wilhelm hatte

ebenfalls den Entschluß gefaßt, mit der dritten Armee und der Maasarmee auf Paris vorzudringen. Aber die französische Regierung erteilte an Mac Mahon den Befehl, sich nach Metz zurück zu wenden, dieser Festung Entsatz zu bringen und sich mit Bazaine zu vereinigen. Widerwillig gehorchte der Marschall und zog nordwärts nach Rethel, um weiter bei Stenay über die Maas zu gehen. Als im deutschen Hauptquartier die Meldungen von diesem veränderten Marsch der Franzosen eingingen, wurde in St. Dizier ein Kriegsrat gehalten. Der Vormarsch auf Paris wurde einstweilen aufgegeben; in Eilmärschen ging es nordwärts, um Mac Mahon den Weg nach Metz zu verlegen und ihn so zu umfassen, daß er sich entweder ergeben oder nach Belgien übertreten müßte. Auch dieser kühne Plan gelang der Umsicht der Führung und der Trefflichkeit des Heeres.

Das erste Zusammentreffen fand am 27. August bei Bucanzy statt, am 28. kleinere Gefechte und am 29. das bedeutende Treffen bei Beaumont. Mac Mahon sah sich von seiner Marschlinie abgedrängt und wendete sich nach Sedan, nahe an der belgischen Grenze. Aber die deutschen Truppen drangen rasch und unaufhaltsam vor und umschlossen Sedan und die französische Armee in einem gewaltigen Kreise. Die Entscheidungsschlacht erfolgte schon am 1. September. Alle deutschen Truppen, Preußen, Baiern, Sachsen, wetteiferten in Bravour, die Franzosen fochten mit großer Tapferkeit und bald mit dem Mute der Verzweiflung. Mit wildem Ungestüm, um sich Bahn zu brechen durch die erdrückende Umschließung, stürzten sich die französischen Reitermassen auf die deutsche Infanterie, von deren festen Quarrés aber jeder Angriff abprallte; schrecklich war der Kampf der Baiern bei Bazeilles.

Hier wurde Mac Mahon schwer verwundet; an seiner Stelle übernahm General Wimpffen den Oberbefehl. Er vermochte es nicht mehr, das furchtbare Schicksal zu wenden. Ein Durchbruch war unmöglich, die Franzosen zogen sich am Nachmittage nach Sedan zurück, die ganze Armee Mac Mahons zusammengedrängt in entsetzlicher Verwirrung auf so beschränktem Raum. Die Bande der militärischen Zucht und des Gehorsams lösten sich, und nun kam noch das beginnende Bombardement durch die deutschen Geschütze. Schon brach an mehreren Stellen Feuer aus. König Wilhelm sandte einen Offizier in die Festung mit der Aufforderung zur Übergabe; bald erschien der französische General Reille vor dem Könige mit einem Schreiben Napoleons, in welchem sich dieser gefangen gab. „Da ich nicht habe sterben können an der Spitze meiner Truppen, so übergebe ich meinen Degen Ew. Majestät." Die Festung capitulierte, die darin eingeschlossene Armee mußte die Waffen strecken und sich auf Gnade und Ungnade ergeben. In der Morgenfrühe des 2. September kam Napoleon zu Wagen aus der Festung heraus und hatte in einem dürftigen Bauernhause eine Unterredung mit Graf Bismarck. Einige Stunden darauf kamen der König und der Kronprinz und es fand in dem Schlößchen Bellevue bei Frenois jene denkwürdige Zusammenkunft statt, welche der König in einem Telegramm an die Königin Augusta schildert: „Welch ein ergreifender Augenblick, der der Begegnung mit Napoleon! Er war gebeugt, aber würdig in seiner Haltung und ergeben. Ich habe ihm Wilhelmshöhe bei Cassel zum Aufenthalt gegeben." Noch an demselben Tage trat der Kaiser seine Reise nach Deutschland an; der König versammelte die Fürsten und Führer des Heeres um sich und sprach allen seinen Dank aus, mit fühlbarer Betonung dabei an seine süddeutschen Verbündeten sich wendend. Von hier aus stieg der König zu Pferd und ritt zu den Truppen in ihren verschiedenen Lagern. Weithin schallender Jubel empfing ihn überall. Zu gleicher Zeit begann die Waffenstreckung des französischen Heeres. Es fielen, außer den 25,000 Gefangenen des Schlachtfeldes und 14,000 Verwundeten, 83,000 kampffähige Soldaten mit Einschluß von 4000 Offizieren, 330 Feldgeschütze, 70 Mitraillensen, 150 Festungsgeschütze, 11,000 Pferde und vieles Heergerät in die Hände der Sieger. Dahin und dorthin in die deutsche Gefangenschaft führten mächtige Züge auf zwei Eisenbahnen die Gefangenen. Der Tag von Sedan war ein Sieg und ein Erfolg, wie er bisher in der Geschichte noch nie vorgekommen ist. — Als wohl im Zusammenhang mit dieser Schlacht stehend ist ein Ausfall Bazaine's am 31. August zu verzeichnen, der zur Schlacht von Noisseville führte. Der für die Preußen anfänglich nicht glückliche Kampf endigte am 1. September mit dem Rückzug Bazaine's nach Metz.

Es konnte nicht zweifelhaft sein, daß durch die Capitulation von Sedan und die Gefangennehmung des Kaisers die kaiserliche Regierung selbst in Frage gestellt sein würde. Bisher war es dem Ministerium gelungen, sich und die Regentschaft über dem gährenden Abgrunde der Leidenschaften aufrecht zu erhalten; General Trochu, ein erfahrener und energischer Mann, war Militärgouverneur von Paris geworden und sorgte eifrig für die Armierung der Forts. Als nun die Nachrichten aus Sedan kamen, war ihre Wirkung auf die Bevölkerung von Paris wie der Ausbruch eines Vulcans. Volksmassen durchzogen die Straßen mit den wechselnden Rufen: „Es lebe Frankreich! Es lebe die Republik! Absetzung! Waffen! Waffen!" Im gesetzgebenden Körper erhob Jules Favre den Antrag auf Absetzung des Kaisers und seiner Dynastie. Am 4. September konnte die Aufregung nicht mehr niedergehalten werden, die Massen drangen in den Sitzungssaal und sprengten die Versammlung auseinander. Kaum konnte in dem Getöse und der Verwirrung die Absetzung Napoleon III. vernommen werden. Auf dem Stadthause, wohin die tobenden Haufen und die Männer der Revolution nun zogen, wurde die Republik ausgerufen und eine „Provisorische Regierung der nationalen Verteidigung" eingesetzt. General Trochu übernahm den Vorsitz; unter den Mitgliedern ragten Jules Favre und Gambetta hervor. Der Kaiserin Eugenie war es gelungen, aus Paris zu entkommen; sie ging über Belgien nach England und nahm ihren Wohnsitz in Chiselhurst bei London. Dorthin begab sich auch der kaiserliche Prinz. Wie herbstliche Blätter im Sturme, so verschwanden die Anhänger des Kaisertums und dessen ganze Herrlichkeit. Auch in den Provinzen Frankreichs wurde überall die Republik angenommen. Aber eine große Anzahl reicher Familien verließen Frankreich, besonders Paris, und flüchteten nach Belgien oder England. Mit immer heftigerem Haß, nicht selten mit wahrer Brutalität, wurde die Austreibung der Deutschen fortgesetzt.

Die Erwartung und der Wunsch auf deutscher Seite, durch einen Sieg, wie der bei Sedan es war, den Frieden zu erreichen, hatte sich leider nicht erfüllt. Napoleon III. hatte bei seiner Gefangennehmung auf die Regentschaft hingewiesen, und diese war gestürzt. Jetzt mußte der Krieg fortgesetzt werden und zwar unter völlig veränderten Umständen. König Wilhelm beschloß die Wiederaufnahme des Vormarsches der

deutschen Heere auf Paris und die Belagerung dieser Riesen-
festung, in welcher noch wohl über 50.000 Mann reguläre
Truppen, in allem aber an 400,000 Mann Bewaffnete sich
befanden. Am 19. September war die Einschließung von
Paris vollendet. Der König hatte sein Hauptquartier einige
Zeit in Ferrières, einem Lustschlosse Rothschild's; vom 5.
October ab verlegte er es nach Versailles.

Noch im September ergaben sich die Festungen Toul und
Straßburg, jene am 23., diese am 27. Die von Deutschland
niemals vergessene Hauptstadt des Elsaß hatte durch die bald
nach dem Treffen von Weißenburg beginnende Belagerung,
welche General v. Werder leitete, furchtbar gelitten. Ihr
tapferer Commandant, General Uhrich, wies die mehrmals
wiederholte Aufforderung zur Übergabe zurück. Ganze
Straßen wurden durch das Bombardement in Schutthaufen
verwandelt, unersetzliche Verluste an Denkwürdigkeiten und
Schätzen der Kunst und Wissenschaft waren zu beklagen. Und
wie hoch waren die Leiden und die Not der Bevölkerung in der
unglücklichen Stadt schon gestiegen! Erst als die Vertei-
digungswerke so weit zerstört waren, daß die Erstürmung
der Festung unabwendbar erschien, wehte vom alten Münster
die weiße Fahne. Die Besatzung streckte am 28. September
die Waffen und wurde in die Kriegsgefangenschaft geführt.

Die Hauptaufgabe für das deutsche Heer war nun die
Überwältigung von Paris, weil unter den eingetretenen Ver-
hältnissen nur durch die Bezwingung der Hauptstadt das Ende
des Krieges herbeizuführen war. Ebenso war es das Ziel
Gambetta's, durch immer neu aufgestellte Heere Paris zu
retten. So traten eine Westarmee, gewöhnlich Loirearmee
genannt — eine Nordarmee — und etwas später auch eine

Ostarmee auf den Schauplatz. Gegen jede dieser Armeen war die Formierung einer deutschen Armee notwendig, und außerdem die zahlreichen Heere für die Belagerung von Paris und eine Zeit lang auch noch von Metz. Garibaldi, welcher schon im Frühjahr 1870 den Wunsch ausgesprochen hatte, noch einmal die stolze republikanische Fahne Frankreichs begrüßen und an ihrer Seite fechten zu dürfen, kam jetzt von Caprera herüber und traf am 9. Oktober in Tours ein. Hier übergab man ihm den Oberbefehl über die irregulären Truppen, welche sich bei Besançon sammelten; später besetzte er Dijon. In allen von den Deutschen occupierten Gegenden sollten kleinere oder größere Banden von Franctireurs einen Guerillakrieg führen. Es war eine bunte, seltsame Schar, die sich um Garibaldi zusammengefunden hatte, Flüchtlinge aus den verschiedensten Ländern Europas, Abenteurer aller Art, die einen vom Fanatismus ihrer Ideen, die andern von bloßer Rauflust hergeführt. Denn in diesem Volkskriege gegen die Deutschen wurden alle Leidenschaften aufgestachelt, alle Mittel für erlaubt gehalten, auch Meineid und Verrat, und die dem Meuchelmord ähnliche Tücke. Wenn auch die Geschichte der patriotischen Hingebung Frankreichs ihre Anerkennung nicht versagt, so ist doch jene Hingebung gar häufig durch häßliche Züge entstellt und herabgewürdigt worden. Einer der schlimmsten Vorfälle dieser Art war die Treulosigkeit bei der Übergabe der Festung Laon, 9. September. Als die deutschen Truppen zufolge der Capitulation in die Citadelle einmarschierten, wurde ein Pulvermagazin in die Luft gesprengt und ein großer Teil der Mannschaft getötet.

Solchem Widerstande entsprachen auf deutscher Seite die Anstrengungen und Leistungen der Truppen, die Besonnenheit

der Heerführung und die Opferwilligkeit daheim im Vaterlande. In den unerhörten Beschwerden und Drangsalen des
490 Belagerungskrieges vor Paris und Metz während der herbstlichen und winterlichen Jahreszeit zeigten sich die deutschen Krieger ebenso bewundernswürdig, wie in dem Gewühl großer Schlachten. Immer neue Kriegsscharen zogen nach Frankreich, und viel Heermaterial, besonders schweres Belagerungsgeschütz
495 nebst unermeßlichen Munitionsvorräten mußte vor Paris hingeschafft werden. Nicht minder großartig war der Wetteifer liebevoller Fürsorge im Vaterland, um den im Felde stehenden Truppen die Beschwerden des Kriegslebens zu lindern und zu erleichtern; besonders herrlich aber der Eifer helfender Liebe
500 in der Pflege der verwundeten und erkrankten Krieger. Noch niemals, so lange es Kriege giebt, hat ein ganzes Volk in so reicher und opferwilliger Teilnahme und Barmherzigkeit sich gezeigt, wie in diesem Krieg das deutsche Volk.

In den ersten Wochen der Belagerung von Paris geschah
505 nichts Entscheidendes. An einen Sturm auf die Forts, der nur mit ungeheuren Opfern hätte Erfolg haben können, wurde in der deutschen Heerführung nicht gedacht; die Herbeischaffung der großen Belagerungsgeschütze war unsäglich schwierig und brauchte viel Zeit; man hoffte Paris mit seiner Einwohnerzahl
510 von fast 2 Millionen in nicht langer Zeit durch Hunger zu bezwingen. Aber es erwies sich das als eine Täuschung. Wenn auch von einer wirklichen Verproviantierung nicht die Rede sein konnte, so war die Hauptstadt doch mit einer Menge von Lebensmitteln versehen und nicht sofort traten Entbehrung
515 und Not ein. Der Glanz als erste Luxusstadt der Welt war allerdings verschwunden, der Verkehr beschränkte sich auf das Bedürfnis und statt des üppigen Treibens auf den großen

Plätzen, statt des bunten Gewühles in den Straßen erfüllte sie das Geräusch der exercierenden Bataillone. Aber die drohenden Schrecknisse einer länger dauernden Belagerung und das damals schon mit hoher Wahrscheinlichkeit vorauszusehende Ende waren doch nur wenigen erkennbar. Man gewann selbst diesen Zuständen einen die Eitelkeit und den Dünkel befriedigenden Reiz ab. Der erfinderische Versuch, durch Brieftauben und Luftballons einen Verkehr mit der Außenwelt zu bewerkstelligen, trug viel zu der erwartungsvollen Spannung der Gemüter bei, besonders aber unterhielt das unaufhörliche Bombardement von den Forts auf die Linien der Belagerer und die sich wiederholenden Ausfälle, anfänglich zuerst in südlicher Richtung unternommen, eine ruhelose Aufregung. Man hielt es für unmöglich, daß Paris fallen könne; man hoffte auf einen Entsatz von der Loirearmee oder von einem Durchbruche Bazaine's.

Auf die Bildung der Loirearmee war die nächste Sorge der provisorischen Regierung gerichtet gewesen. Alle diese neugebildeten Heeresteile wurden von dem bairischen General v. d. Tann angegriffen und geschlagen, und Orleans besetzt, 11. Oktober. Aber der rastlosen Thätigkeit Gambetta's gelang es, die zersprengten Scharen zu sammeln, zu ergänzen und so in wenigen Wochen wieder eine Armee von 70,000 Mann zusammen zu bringen, zu deren Obergeneral Aurelles de Paladine ernannt wurde. Um Lille, Amiens und in der Normandie bildete General Bourbaki, früher Befehlshaber der kaiserlichen Garde, die Nordarmee.

Bei dieser Lage der Dinge wendeten sich die Blicke mit täglich steigender Erwartung nach Metz hin, dessen Einschließung eine große Armee und einen bewährten Feldherrn noch immer von dem andern Kriegsschauplatz fern hielt. Endlich fiel diese noch nie bezwungene Festung. Bazaine hatte im Monat September mehrmals kleine Ausfälle gemacht, um wo möglich einige Nahrungsmittel in die Festung zu bringen, wo Mangel und Not schon sehr fühlbar wurden. Die Vorräte schwanden dahin, man schlachtete die Pferde der Cavallerie, auch das Salz ging zu Ende. Das Elend durch die im Gefolge der Not einreißenden Krankheiten stieg von Tag zu Tag. Am 2. und am 7. October unternahm Bazaine noch einmal heftige Ausfälle, um sich durchzuschlagen. Der Kampf wütete tief in die Nacht hinein, bis es endlich dem heldenmütigen Widerstand der Preußen, namentlich der Landwehr unter General Kummer gelang, die Franzosen zurück zu werfen. Nun versuchte Bazaine noch durch Unterhandlungen in Versailles (General Boyer) sein Schicksal zu wenden, auch das blieb erfolglos. So zwangen ihn Hunger und Hoffnungslosigkeit zu Unterhandlungen mit dem Prinzen Friedrich Karl und am 27. Oktober wurde die Capitulation abgeschlossen. Drei Marschälle, 6000 Offiziere, 145,000 Mann und 30,000 Verwundete und Kranke wurden kriegsgefangen. Alle festen Plätze Deutschlands, vom Süden bis zur Nordsee und zur Weichsel hin waren mit gefangenen Franzosen angefüllt, deren Zahl nun gegen 350,000 betrug. Unter den vielen außerordentlichen Ereignissen dieses Krieges war die Einschließung und Bezwingung einer so großen Armee und einer so starken Festung eines der bedeutendsten.

Die vor Metz freigewordenen Streitkräfte wurden nun für weitere Operationen verwendet. Es wurden aus diesen Truppen zwei Heere gebildet. Das kleinere unter General v. Manteuffel marschierte gegen die Nordarmee; Prinz Friedrich

Karl wendete sich mit dem größeren Heere über Troyes und
Sens gegen die Loirearmee. Hier ging Aurelles de Paladine
zum Angriff über, um vor der Ankunft des Prinzen den
General v. d. Tann zurück zu werfen und bis Versailles vor=
zudringen. Orleans mußte von den Deutschen aufgegeben
werden, sie wurden am 9. November bei Coulmiers durch den
dreifach überlegenen Feind zum Rückzug genötigt. Weiter aber
vermochte Aurelles nicht zu kommen. Der Großherzog Fried=
rich Franz von Mecklenburg=Schwerin, welcher den Oberbefehl
über eine hier neu zusammengesetzte Armee (Norddeutsche,
Baiern und Hessen) erhalten hatte, sprengte die von Lemans
her andrängenden Franzosen auseinander. In Paris hatte
die Nachricht der Capitulation von Metz eine erbitterte Gäh=
rung erzeugt, der Mangel an Lebensmitteln begann sehr fühl=
bar zu werden, und mehrere erfolglos gebliebene Ausfälle
erhöhten die Gereiztheit der Volksmasse. Die Führer jener
socialistischen Partei, welche, alle staatliche Ordnung verwer=
fend, die Herrschaft der Stadtgemeinde, d. h. den Terrorismus
der Masse, aufrichten wollten, glaubten, der günstige Augen=
blick für sie sei gekommen. Unter Anführung des Communisten
Flourens überfielen am 31. Oktober bewaffnete Volkshaufen
das Stadthaus, den Sitz der Regierung, forderten die Ein=
setzung einer Commune, d. h. eines diktatorischen Gemeinde=
rates, und nahmen Trochu, Jules Favre und andre Mitglieder
der Regierung gefangen. Bald aber rückte die Nationalgarde
unter dem Rufe „Es lebe die Republik!" heran, befreite die
Gefangenen und vereitelte die Pläne der Communisten. Noch
vor dem Ausbruch dieser Bewegung hatte die Regierung, von
der Not in Paris und der aufrührerischen Stimmung gedrängt,
durch Thiers' Unterhandlungen wegen eines Waffenstillstandes

in Versailles eingeleitet, welche jedoch an der Unmöglichkeit, der provisorischen Regierung die Verproviantierung von Paris zu bewilligen, scheitern mußten.

Gambetta hatte die kurzen Erfolge der Loirearmee benutzt, um von einem glänzenden Triumph der französischen Waffen viel Rühmens zu machen und das französische Volk durch die Aussicht auf die Befreiung von Paris zum heftigsten Widerstand zu entflammen. Bürger und Bauern zeigten die feindseligste Gesinnung gegen die deutschen Truppen und nahmen da und dort sogar an den Kämpfen teil. Es konnte nicht ausbleiben, daß auch die Deutschen mit Erbitterung erfüllt wurden und daß die Militärbehörden sich zu Repressalien genötigt sahen, welche dann mit furchtbarer Strenge durchgeführt wurden. Der Krieg mußte in immer häufigeren Fällen einen harten und wilden Charakter annehmen.

In Eilmärschen war Prinz Friedrich Karl mit der 2 Armee von Metz her herangekommen und begann seinen Feldzug gegen die Loirearmee. Diese hatte die Absicht über Fontainebleau nach Paris vorzudringen, erlitt aber in der Schlacht bei Beaune-la-Rolande, 28. November, eine Niederlage. Ein weiterer, mehr östlich gemachter Versuch eines Durchbruchs wurde bei Loigny vereitelt. Gleichzeitig geschah ein großer Ausfall aus Paris, 30. November, welcher bewies, mit welcher Energie eine Wendung der Situation erzwungen werden sollte. Aber die Franzosen wurden am 2. Dezember wieder nach Paris zurückgeworfen, und die Loirearmee mußte nach einem viertägigen Kampf bei Orleans in großer Verwirrung nach Süden entfliehen. Über 14,000 Gefangene und viel Geschütz, auch vier armierte Flußdampfer, fielen den Deutschen in die Hände; sie zogen am 5. Dezember wieder in Orleans ein.

Aurelles de Paladine mußte sein Commando an General Chanzy abgeben. Dieser behielt aber nur die eine Hälfte der Loirearmee, die Westarmee, die andre übernahm General Bour-baki als Ostarmee. Die bisher in Tours verweilende Delegation der provisorischen Regierung wurde nach Bordeaux verlegt, 10. Dezember. In einer langen Reihe von Gefechten und Schlachten schlugen der Prinz und der Großherzog die Feinde zurück; Bourbaki mußte sich nach Bourges, Chanzy westwärts auf Lemans zurückziehen. Bis Bourges, Tours, Blois und Vendôme wurde das Land von den republikanischen Scharen gesäubert. Schrecken ging vor den Deutschen her, eine große Zahl der Bewohner entfloh nach Süden, die zum Kriegsdienst gepreßten Mobilgarden mußten fast mit Gewalt in den Kampf getrieben werden. Nun zogen die beiden Heere der Deutschen vereinigt gegen Chanzy's Westarmee. Unter unsäglichen Schwierigkeiten und Beschwerden, welche dieser mit hier seltener Strenge auftretende Winter vergrößerte, drängten die Deutschen in sehr blutigen Kämpfen zwischen Loire und Sarthe den Feind zurück und Prinz Friedrich Karl zog am 13. Januar in Lemans ein. Die Trümmer der Loirearmee gingen bis Laval zurück. Von dieser Seite aus war ein Entsatz von Paris jetzt nicht mehr zu besorgen.

Die französische Nordarmee war von General Bourbaki in Lille und Amiens gebildet worden. Gegen sie rückte, auch von Metz her, General v. Manteuffel heran und brachte dieselbe durch siegreiche Gefechte (Schlacht bei Amiens, 27. November) in solche Zerrüttung, daß sie sich im elendesten Zustande nach Havre zurückzog. Die Deutschen drangen in die Normandie ein und besetzten Rouen und Dieppe. Nach Bourbaki's Abgang zur Ostarmee erhielt General Faidherbe das Oberkommando. Dieser tapfere, ausdauernde Führer war wieder vorgerückt und hatte seine Angriffe mehrmals erneuert. Aber er wurde durch wiederholte Gefechte bei Amiens und durch die Schlacht bei Bapaume, 3. Januar 1871, zurückgedrängt und nach nochmaligem Vorgehen von General v. Goeben, welcher nach Manteuffels Abberufung zur Südarmee den Oberbefehl führte, bei St. Quentin, 18. und 19. Januar, so geschlagen, daß von der zersprengten und im jammervollsten Zustande sich befindenden Nordarmee ebenfalls ein Entsatz von Paris nicht mehr ausgeführt werden konnte. Auch von hier aus, wie von der Loirearmee, gingen Tausende von Gefangenen nach Teutschland. Die Festungen Longwy, Mezières, Rocroy, Peronne waren mit vieler Kriegsbeute in die Hände der Deutschen gekommen.

Auf dem dritten der um Paris her sich entwickelnden Kriegsschauplätze, dem südöstlichen, stand nicht allein eine zahlreiche, in hohem Grade fanatisierte Armee, zu welcher auch Garibaldi's Scharen gehörten, den Deutschen entgegen, sondern hier in den gebirgigen Gegenden war auch, mehr wie anderwärts, das Franctireurwesen und der Bandenkrieg im Gange. Nach dem Falle von Straßburg zog General v. Werder mit einer nicht zahlreichen Armee, deren Hauptbestandteil die badischen Truppen und preußische Landwehr bildeten, heran. Die Festungen Schlettstadt und Neubreisach mußten sich ergeben, und unter fortwährenden Kämpfen am Oignon drang Werder bis Dijon vor, 31. Oktober, und wies von hier aus das weitere Vordringen der Franzosen und Garibaldi's zurück. Solch ein Treffen war der erbitterte Kampf bei Nuits, 18. Dezember, wo die badische Division ehrenvoll das Feld behauptete. Im Dezember begannen die Deutschen die Belagerung von

Belfort. Als dann die Ostarmee unter Bourbaki mit Übermacht heranzog und wenn es ihr gelang zu siegen, mit einer Besetzung der Verbindungslinien zwischen den Deutschen in Frankreich und der Heimat, vielleicht sogar mit einem Einfall in Süddeutschland drohte, da ging Werder mit seinen 28,000 Mann vor Bourbaki's 150,000 Mann von Dijon bis in die Nähe von Belfort zurück und stellte sich bei Hericourt auf, um die Entsetzung Belforts zu verhindern und Bourbaki's Marsch aufzuhalten. Hier ereigneten sich am 15. 16. 17. Januar ewig denkwürdige Kämpfe, in welchen Werders todesmutige Heldenschar mit unerschütterlicher Standhaftigkeit den Entschluß durchführte: „hier kommt niemand durch." Bourbaki mußte seinen Vormarsch aufgeben und wollte sich südlich auf Lyon zu wenden. Aber General v. Manteuffel, welcher jetzt das Kommando der deutschen Südarmee erhalten hatte, führte zwei preußische Armeecorps herbei. Diesen von Fransecky und Zastrow befehligten Truppen gelang es, in Verbindung mit dem tapferen Werder das Heer Bourbaki's in den winterlich unwirtbaren Thälern des Jura zu umstellen. Ohne hinreichende Bekleidung, entblößt von Nahrungsmitteln, ja sogar an Waffen und Munition Mangel leidend, hatte dieses Heer keine andere Wahl vor Augen, als Kapitulation oder den Übertritt über die Grenze in die Schweiz. Am 29. Januar begannen die Deutschen ihren Angriff und setzten ihn am 30. und 31. fort. Täglich wurden die Verluste größer, schon waren 15,000 Franzosen gefangen, immer ungeordneter wurde die Flucht. General Bourbaki legte verzweifelnd die Hand an sich selbst, doch ging die Kugel fehl und er verwundete sich nur. Sein Nachfolger Clinchant trat in Unterhandlungen mit dem schweizerischen General Herzog, der die Grenze be-

wachte, und so rettete sich am 1. Februar diese französische
Armee, noch 83,000 Mann stark, bei Pontarlier in die
730 Schweiz. Im elendesten Zustande hier ankommend wurden
diese Scharen von dem Mitleid und der Barmherzigkeit der
Schweizer empfangen. Garibaldi's Corps war bei Dijon
von einem kleinen Heerhaufen beschäftigt worden; nach der
Katastrophe der Ostarmee ging er auf Lyon zurück. Bald
735 darauf legte er sein Kommando nieder und ging nach Caprera
zurück, reicher geworden um eine große Enttäuschung, aber
nicht reicher an Ruhm. Am 16. Februar ergab sich das hart-
näckig verteidigte Belfort infolge eines auf vertragsmäßige
Übergabe lautenden Befehls von Jules Favre.
740 Denn als Belfort kapitulierte und die Ostarmee nach der
Schweiz gedrängt wurde, war vor Paris bereits Waffenruhe
eingetreten. Wir haben in unserm Überblick vorzugsweise
der Märsche und Kämpfe gegen die französischen Armeen im
Westen, Norden und Osten und der Beschwerden in der Kälte
745 und den Schneestürmen der winterlichen Jahreszeit gedacht;
nun gedenken wir auch der Anstrengungen des Belagerungs-
heeres vor Paris. Das Bombardement von den Forts hörte
keinen Tag auf, der Vorpostendienst war eben so beschwerlich
als gefahrvoll, und die sich wiederholenden kleineren und
750 größeren Ausfälle führten oft sehr bedeutende und blutige
Gefechte herbei. Anfänglich waren die Ausfälle zumeist nach
Süden gerichtet, am 29. Oktober drangen die Franzosen nord-
östlich sehr heftig auf Le Bourget vor, und nur mit großer
Anstrengung waren sie zurückzutreiben. Den stärksten Ausfall
755 unternahm Trochu, wie schon erwähnt, am 30. November.
Über 100,000 Mann brachen in südöstlicher Richtung gegen
die Stellung der Sachsen und der Württemberger vor und

trotz des heldenmütigsten Widerstandes blieben die Dörfer Brie und Champigny in der Hand der Franzosen. Am 2. Dezember wurden sie zurück erobert, doch kosteten diese Gefechte den Deutschen an 5000 Mann. Vergeblich war auch am 21. Dezember ein nochmaliger Ausfall auf Le Bourget. So schwand die Hoffnung, den eisernen Ring, den die Belagerer um Paris gezogen hatten, durchbrechen zu können, und auch die Hoffnung auf Entsatz mußte sich als trüglich erweisen. Längst schon drückte der Mangel an Lebensmitteln, frisches Fleisch fehlte seit dem November; man schlachtete Pferde, Hunde, Katzen, und selbst Ratten waren ein gesuchter Artikel. Das Brennmaterial ging zu Ende und bei dem Mangel an Steinkohlen fehlte das Gas zur Beleuchtung der Straßen und Plätze. Von Woche zu Woche stieg die Not, Hunger und Kälte rafften die Bevölkerung in schreckbarer Steigerung der Sterblichkeit hinweg, und wie standhaft auch die Pariser alle diese Leiden und das bittere Elend ertrugen, so sahen sie doch den Tag herannahen, wo die Lebensmittel völlig zu Ende sein würden. Zu diesen Bedrängnissen gesellten sich die Schrecken des am 27. Dezember eröffneten Bombardements. Es richtete sich zuerst gegen den Mont Avron und die östlichen Forts, vom 5. Januar an auch gegen die Südforts.

Mitten in diesen der letzten Entscheidung zueilenden Tagen des erbittertsten Kampfes vollzog sich in Versailles ein Akt des Friedens, wenngleich von völkergeschichtlicher Bedeutung. Nachdem schon im November 1870 infolge einer Aufforderung König Ludwigs II. von Baiern die deutschen Fürsten sich vereinigt hatten dem Könige von Preußen die Würde eines deutschen Kaisers zu übertragen, wurde am 18. Januar, dem Tage der Erinnerung an die vor 170 Jahren zu Königsberg

vollzogene Erhebung Preußens zum Königreiche, im Spiegel-
saale des Versailler Schlosses Wilhelm I. als deutscher
Kaiser ausgerufen und in einer dabei verlesenen Proklamation an das deutsche Volk die Wiederaufrichtung des deutschen
Reiches erklärt. Damit war nicht allein für die deutsche
Nation der Abschluß einer langsamen und unruhevollen Ent-
wicklung erreicht und die Sicherung einer kraftvollen Zukunft
gewonnen, auch dem Frieden Europas war durch das geeinigte
Deutschland die sicherste Bürgschaft gegeben.

Immer näher rückten unterdessen die furchtbaren Batterien
der Belagerer und schon erreichten die Geschosse den Palast
Luxembourg und das Pantheon. Wut und verzweifelter
Trotz bewegten die Bevölkerung, und Trochu mußte, dem
Drängen nachgebend, noch einen Ausfall wagen. Am 19.
Januar zogen über 100,000 Mann in der Richtung nach
Versailles zum Kampfe aus. Sie wurden mit einem Verluste
von 7000 Mann zurückgeworfen. Nun trat Trochu den
Oberbefehl an General Vinoy ab. Es war unmöglich, Paris
länger zu halten. Jules Favre begab sich nach Versailles,
um Unterhandlungen wegen eines Waffenstillstandes anzu-
knüpfen, 23. Januar. Nach Beseitigung einiger Schwierigkeiten wurde die Kapitulation am 26. Januar abgeschlossen;
um 12 Uhr in der Nacht zum 27. verstummte der Donner
der Geschütze in den Forts und in den deutschen Batterien.
Die Verproviantierung von Paris wurde gestattet; die Forts
wurden übergeben, die Linientruppen und die Mobilgarde
wurden kriegsgefangen, blieben aber in Paris; die Nationalgarde behielt die Waffen für den Sicherheitsdienst. Aus
freien Wahlen hervorgehend sollte binnen vierzehn Tagen
eine über Krieg und Frieden entscheidende Versammlung in
Bordeaux zusammentreten. Die Armeen der Generale v.

Manteuffel und Bourbaki waren in diesen Waffenstillstand nicht eingeschlossen. Die Stadt Paris zahlte eine Kontribution von 200 Millionen Francs.

Die konstituierende Versammlung wurde am 12. Februar in Bordeaux eröffnet. Gambetta trat vom Schauplatz seines kühnen, aber erfolglosen Wirkens zurück, die provisorische Regierung legte ihre Gewalt nieder. Thiers wurde zum Chef der Executivgewalt der französischen Republik gewählt. Laut und energisch erhob sich das Verlangen nach Beendigung des Krieges. Thiers und Jules Favre, welcher in das neue Ministerium eingetreten war, gingen nach Versailles, um die Friedensverhandlungen zu beginnen. Am 26. Februar wurden nach langen Verhandlungen die von Graf Bismarck mit unerbittlicher Festigkeit durchgesetzten Forderungen Deutschlands angenommen und die Präliminarien abgeschlossen. Bis zur Bestätigung derselben durch die Versammlung in Bordeaux wurden die westlichen Stadtteile von Paris durch 30,000 Mann deutsche Truppen besetzt. Nachdem Kaiser Wilhelm über diese Truppen in Longchamps an der Grenze des Bois de Boulogne Heerschau gehalten hatte, zogen sie am 1. März ein und lagerten auf den elysischen Feldern; doch verließen sie schon am 3. März die Hauptstadt, denn die Nationalversammlung hatte sich beeilt, die Präliminarien zu genehmigen. Mit heftiger innerer Erschütterung hatte Thiers die schweren Bedingungen verkündigt, aber die Notwendigkeit des Friedens drängte den Versuch des Widerspruchs zurück. Hierauf vollzog auch Kaiser Wilhelm am 2. März die Präliminarien. Inniger Dank gegen Gott, gegen die Armee und das Vaterland erfüllte bei dieser Vollendung des schweren Kriegswerkes das Herz des greisen Monarchen. Frankreich trat Elsaß (mit Ausschluß von Belfort), Deutsch-Lothringen mit Metz und Thionville an

850 Deutschland ab und verpflichtete sich zur Zahlung von fünf Milliarden Francs Kriegskosten, bis zu deren Abtragung deutsche Truppen bestimmte Gegenden Frankreichs, auch Belfort, besetzt halten sollten. Am 7. März verließ der Kaiser Versailles, wo er seit dem 5. October sein Hauptquartier 855 gehabt hatte. In den Tagen vorher hielt er noch über das Gardecorps, dann über die bairischen, sächsischen und württembergischen Truppen Heerschau ab. In einem Armeebefehl von Nancy aus, 15. März, nahm der Kaiser Abschied von seinem glorreichen Heere und dankte ihm für seine Tapferkeit und 860 Ausdauer. Überall in Deutschland schallte ihm und den ihm zur Seite stehenden Männern der Zuruf inniger Bewunderung und Ehrerbietung entgegen; in seiner Hauptstadt wurde der heimkehrende Siegesfürst am 17. März mit einem unermeßlichen Jubel der Begeisterung empfangen. Am 21. März 865 eröffnete der Kaiser den ersten deutschen Reichstag und sprach am Schluß seiner inhaltschweren Rede den Wunsch aus, daß dem glorreichen Kriege eine ebenso glorreiche Friedenszeit folgen möge. Die Verhandlungen zum Abschluß des definitiven Friedens mit Frankreich sollten nun in Brüssel statt-
870 finden; da sich dieselben aber in die Länge zogen, traf Fürst Bismarck mit Favre in Frankfurt a. M. zusammen und hier wurde das Friedenswerk am 10. Mai 1871 vollendet. Durch diesen Frieden erwarb Deutschland Provinzen zurück, welche ihm vor langer Zeit durch eigene Schwäche und die Schlauheit 875 Frankreichs verloren gegangen waren. Einer der größten Kriege aller Zeiten, seit vielen Jahrhunderten der erste, welchen Deutschland allein mit seiner Kraft durchgestritten hatte, war siegreich beendet, und — dieses war der herrlichste Siegespreis — das deutsche Volk hatte sich in den Kämpfen und Siegen 880 selbst wiedergefunden.

NOTES

NOTES

I.

CONRADIN VON SCHWABEN.

THE German Emperors had for a long time cherished the idea of bringing Naples and Sicily under their dominion. Their own tenure of power, owing to incessant internal feuds, being insecure, they were anxious to establish a firm footing in Italy and exercise supremacy over the Popes. The plan originated with Frederick I. (Barbarossa), and was carried on by his grandson, Frederick II. Hence the Popes were in constant conflict with the Emperors, whom they excommunicated upon the slightest provocation. Frederick II., who inherited the kingdoms of Naples and Sicily, was under the guardianship of Pope Innocent II., who set him on the German throne in opposition to a usurper, Otho IV. He was therefore Emperor of Germany, King of Naples and Sicily, and also, by inheritance, Duke of Suabia. He reigned forty one years (1209-1250). His third wife was Isabella, daughter of King John of England.

1. seines Alters. 'A boy of twelve years of age' is expressed either by ein Knabe von zwölf Jahren or ein zwölfjähriger Knabe.

2. verschieden. Like sterben, verscheiden, 'to expire,' being a neuter verb of motion, *i.e.* motion from one state into another, from life into death, is conjugated with sein.

3. Bildung, 'culture.'

Freund. Say 'patron.'

4. dazu, ' in addition to this,' ' as well as.'

5. der Papst. Titles preceding a proper name usually take the article.

7. The *Hohenstaufens* took their name from the castle of Hohenstaufen in Suabia, built about the middle of the eleventh century by

Friedrich von Büren, who derived his title from it. His son rose in the estimation of the German Emperor, Henry IV., and obtained the hand of his daughter and the duchy of Suabia. The Hohenstaufens carried on constant feuds with the Popes and the party of the Guelphs, and after various vicissitudes of fortune Conrad III. was elected Emperor in 1138. His nephew, Frederick I. (Barbarossa), succeeded him, and the race became extinct by the death of Conradin in 1268.

7. erloschen. See note on l. 2.

9. heimfallen, 'to lapse.'

11. erkämpfen. Kämpfen is simply 'to fight,' erkämpfen 'to fight and obtain.' A good example of the force of the prefix er.

sprach ... ab. Absprechen, properly speaking, means to deprive of by a judge's verdict (Spruch), then to deprive by authority.

14. Schon implies that an event takes place sooner than expected. Translate 'as early as.' Conrad had only reigned four years.

im Neapolitanischen. The adjective is sometimes used to denote a whole province. Das Württembergische, for Württemberg, etc.

17. Konradino is the Italian diminutive of Conrad. He was so called because he was so young when he succeeded his father.

20. Vermund. From a Middle High German word, munt, signifying 'protection,' 'hand,' perhaps connected with Lat. *manus*. 'A ward' is Mündel, m. and f.; 'of age,' mündig.

heftig. 'hot-tempered.'

22. fertig sprechen (or reden) is to have a thorough (conversational) knowledge. We might say 'to speak fluently.'

23. wie er denn ... gedichtet hat, 'having composed.' A more common way of expressing it would be indem er ... gerichtet hat.

25. innig, lit. 'inward,' 'heartfelt.' Say here, 'close.'

26. Friedrich von Österreich. The Pope nominated Hermann von Baden to the Austrian throne, and he made his entry into Vienna, but died in 1250. His son Frederick styled himself Frederick of Austria, but was never acknowledged.

wie ihm. The ihm is not governed by wie, which is a conjunction, but is in apposition to welchem.

29. zur Geltung kommen, 'to be realised.' Geltung, from gelten, 'to be worth,' 'to avail.' Zur Geltung bringen, 'to realise' (trans.).

35. Karl von Anjou. 'The most reprehensible circumstance in this great monarch's (Louis IX.) conduct was his approbation of the treaty between his brother and the Pope, relative to Sicily. When that kingdom was offered to the Count of Anjou he accepted it; and Louis permitted a crusade to be preached in France against Mainfroy (Manfred).'—Russell's *Modern Europe*.

37. Guelfen (also spelt Welfen). The Guelphs took their name from Welf or Wölf, uncle of Henry the Lion (d. 1195), when the latter was the rival claimant of Conrad III. for the empire of Germany. 'Welf' became the watchword of the party, as 'Weiblingen' (or Ghibeline, as we usually spell it), from their seat in Württemberg, became that of the Hohenstaufens. Subsequently Guelph was applied to all those who opposed the Emperor for the time being, and later on the names were confined entirely to Italy, being assumed by various parties there.

40. mit dem Bannfluch beladen, 'to anathematise.' Bannfluch, 'anathema.'

41. Benevent, Benevento, capital of the duchy of the same name, situated about thirty miles N.E. of Naples.

44. überleben. Verbs compounded with durch, über, unter, and um, are separable or inseparable according to the meaning. If transitive, they are, as a rule, inseparable.

das wildeste Getümmel, 'the thick of the fight.'

47. verfolgt. Folgen, 'to follow,' requires the dative. Verfolgen, 'to pursue,' 'to persecute,' is a transitive verb.

48. abgenommen. Abnehmen is distinct from simple nehmen in that it means to take from a person or thing what properly belongs to him or it; hence often, as here, to take by force.

52. Recht is 'law,' the abstract principle, and is applied to the science in general, whereas Gesetz is an *individual* law. Die Rechte studieren, 'to study law.' Doktor beider Rechte, doctor of laws, *i.e.* of civil and ecclesiastical law. Ein Rechtsgelehrter, a barrister. But, Gesetzgebung, 'legislature'; Gesetzentwurf, 'bill (in parliament)'.

61. **bisherig**, 'former,' from **bisher**, adv. 'hitherto.' Cf. **hiesig**, 'ot this place,' from **hier**; **dortig**, 'of that place,' from **dort**; **heutig, morgig, gestrig**, etc.

62. **der Hohenstaufen Verderben**. Frederick II. died in Italy when about to march against the Lombards, his son Enzio having previously pined away in imprisonment in Bologna. Here also died Conrad IV. on his campaign against the Pope.

64. **vorgespiegelt**, 'imaginary,' 'illusive.'

66. **genießen**, except in a higher style of prose, usually takes an accusative. **Er genoß die Freundschaft seiner Zeitgenossen**, 'he enjoyed the friendship of his contemporaries.' **Genießen** does not mean 'to enjoy' in the ordinary sense of 'derive pleasure from.' One cannot say, **Ich habe die Spazierfahrt nach N. sehr genossen**, but, **Ich habe mich bei der Sp. sehr gut amüsiert**. 'I have enjoyed myself,' **Ich habe mich amüsiert**. Of anything to eat it is **gern essen** or **trinken**.

68. **beugen** is the factitive of **biegen**, but is almost only used figuratively, the form **biegen** being used in its literal sense both transitively and intransitively.

70. **ein glückliches Gelingen**, literally, 'a lucky success'; say 'a successful issue.' The **glücklich** is pleonastic, but the pleonasm is not uncommon in German. **Für einen glücklichen Ausgang** would be better.

75. **Bregenz**, a town at that time strongly fortified, in the Tyrol, near the Lake of Constance.

77. **strömten ... herbei**. **Herbei** in compounds has the meaning of 'to the spot,' 'up.'

79. **verrauschte**, from **ver** denoting 'removal,' and **Rausch**, 'intoxication,' = 'to sober down,' 'to pass away.'

80. **fehlte**. **Es fehlt mir an** (dat.), 'I want, lack.' **Du fehlst mir**, 'I miss you.' **Es hat nicht viel gefehlt**, 'it was a close thing,—touch and go.'

stimmten sich ... herab, literally 'got out of tune,' 'went down.' **Stimme**, besides 'voice,' means 'tone,' and for **ver** see above, l. 79. **Verstimmen** is therefore 'to lose the tone of.'

87. **gestaltete sich**, from **die Gestalt**, 'shape,' 'form': 'took a favourable shape,' 'turned out favourably.'

92. verwerten, 'to realise.'

98. Sarazenen. In the early part of the ninth century bands of Saracens took possession of Sicily, and were subsequently often called to the assistance of rival contending parties there. Luceria is a province of Naples.

101. Dazu kam noch, 'in addition to this.'

105. beobachten. From Obacht (rare) = Achtung, 'heed.' Ob is an almost obsolete preposition meaning 'over.'

116. Gesängen. Gesang is the act of singing; Lied the words and music. Correctly translated, mit Gesängen means 'with singing.' It is the plural of an abstract noun, denoting several instances or repetitions of the act, like *loves, hypocrisies,* etc.

119. Begrüßung, 'welcome.'

123. berauschte. Cf. note, l. 79. Be forms transitive verbs.

133. gen, for gegen, is rare except in poetry, and in the expression gen Himmel, 'up to heaven.' See p. 11, l. 284.

135. seiner warteten. Warten in modern prose always takes auf with the acc. : ich warte auf Sie.

139. kam es. Verbs are used impersonally, as in Latin, to express a very general idea, especially in the passive, *e.g.* es wurde gesungen, 'There was singing.' 'They joined battle.' See l. 207.

143. überfallen. See note, l. 44.

nach allen Seiten hin. The hin belongs to the nach, giving it the meaning of 'towards.'

144. gesprengt. Sprengen is the factitive of springen, 'to leap,' and means 'to make to leap,' 'to burst,' 'to dash or gallop.' auseinander gesprengt, 'dispersed.'

150. sich gerettet. Sich retten, like French *se sauver,* means 'to escape.'

151. derselbe refers to the latter of the two. Er would lead one to think that Henry of Castille was being alluded to.

seines Lebens schonen. Schonen (like warten, see above, note on l. 135) now usually takes an accusative—schone deine Gesundheit, 'spare your health,'—though in a higher style of prose it is frequently found with the former construction. Schonen means 'to save from wear and tear, or from harm.' 'To save up' is ersparen.

152. **Schar Ritter und Edler.** Edler is the genitive plural of the adj. edel, used as a noun, but declined as an adjective without article— N. and Acc. Pl. Edle, G. Edler, D. Edeln, and shows clearly that in an expression like ein Pfund Zucker, ein Regiment Soldaten, the second noun is a genitive, though the genitive inflection ‑s (Zucker, not Zuckers) has been dropped. With an adjective, however, it appears—eine Tasse starken Kaffees.

155. **die Hoffnung.** Hoffnung is here personified. Hence the insertion of the article. 'Hope proved illusive.'

166. **Astura.** a small coast town in the Papal States, S.E. of Rome.

177. **den Ritterschlag erhalten,** 'to be knighted.'

180. **sich annehmen** means 'to take charge or care of,' and governs the gen. Here 'to espouse.'

182. **Seiten,** an old form of the dat. sing. of the feminine die Seite, used only in this expression and a few others: auf Erden, 'on earth,' see I. 311; zu Gunsten, 'in favour,' zu Ehren, 'in honour.'

zugeflossen, 'fallen to,' 'been bestowed upon.'

190. **umzingelt,** 'invested.' From Zingel (rare), connected with Latin *cingulus*, a zone or belt.

193. **gar,** 'actually,' 'even.' Usually found with a negative: gar kein, 'none whatever,' gar nicht, 'not at all,' gar nichts, gar niemand.

201. **verbrennen.** Brennen is to 'scorch,' 'singe,' 'partially burn'; verbrennen, 'to consume,' 'to burn completely up.'

203. **Hab und Gut.** Properly speaking Hab is moveable, Gut immoveable property (such as houses, land, etc.), but the duplicate expression often means, as here, 'goods and chattels.'

207. **daß gegen Konradin,** etc. Another example of the impersonal passive, es würde verfahren werden, 'proceedings would be taken.' The es is omitted when the finite verb comes last as here or in inversion, *e.g.* wahrscheinlich würde gegen K. mit Milde verfahren werden.

211. **lautete,** 'was as follows.' Do not confuse with the factitive, läuten, 'to ring,' 'sound.' Es wurde geläutet, 'the bells were rung.

219. im offenen Kriege. The article is used because offener Krieg is taken in its full sense, *i.e.* that state of affairs called open warfare.

222. von jeher (*i.e.* von je her), 'from all times to the present' (hither her) 'for ever.'

225. vermochte . . . dahin (*i.e.* dahinzubringen), 'was able to prevail upon.'

226. bis auf, 'except.'

231. überbrachte. Separable or inseparable?

232. Oheim is now supplanted by the French Onkel, just as Base is by Cousine.

236. Meer. Note the accusative, there being movement (of the eyes) implied: 'view *on to* the sea.'

239. Henker, 'hangman.' Henken, for 'to put to death by hanging,' is now almost supplanted by hängen. See l. 205.

243. jener eine Richter. Eine is here used as an adjective. Decline the three words together.

250. übertreten zu dürfen. Glauben is often found followed by the infinitive, not admissible in English, 'thought he might.'

255. erwachse, 'accrue.' Those who know Latin will be able to trace the connection between the German and English words: wachsen, 'to grow,' and *cretum*, supine of *crescere*. The er here implies 'forth,' as in ergießen, 'to pour forth.'

258. that sich fund. 'was evinced.' Stimmung, 'tone,' 'disposition,' 'frame of mind.'

277. Peter von Arragonien. The authenticity of this story is doubted. Peter of Aragon had married Constance, daughter of Manfred, Conradin's uncle. After the Sicilian Vespers, or massacre of the French in Sicily, Peter acquired the kingdom, while Charles of Anjou ruled on the mainland, both assuming the title of 'King of Sicily.'

280. Truchseß. Say 'seneschal,' though not quite synonymous. One who served up the dishes at the feasts in olden times, and subsequently an office of some honour at German courts. Truch is in Middle High German truht, and is connected with tragen, 'to carry,' meaning 'all that can be carried,' and then 'the food carried.' (From Kluge's *Etym. Wörterbuch*.)

289. **bereiten** often, as here, means 'to cause' (not 'to prepare').

294. **Befehl.** Notice the acc. here after **auf**, like **ich antworte auf seinen Brief**, 'send an answer to his letter.' The idea is, to give fulfilment to his command.

302. **verscharrt. Scharren** is 'to scrape,' **verscharren**, 'to cover or conceal by scraping.' A rough-and-ready mode of burial is implied.

309. **Schenkhaus**, a house where beer, etc., is poured out (**einschenken**), 'public-house.'

312. **Strafgericht**, 'retribution.'

erleben. Er meaning to obtain by means of the action expressed by the simple verb, **erleben** signifies 'to get (knowledge) by living,' 'to live to see.'

die ficilianische Vesper. This massacre of the French by the Sicilians in 1282 was so called because it was occasioned by a Frenchman insulting a young Sicilian girl when coming from vespers. For its result, see note, l. 277. Note that *Vesper* is singular.

II.

DAS ENDE KARLS DES KÜHNEN.

3. **Herzogtum Bourgogne**, etc. The modern French provinces of Bourgogne and Franche Comté (Haute Bourgogne).

7. **Tressen**, 'trimmings,' or 'bordering,' in gold or silver embroidery.

11. **Hansestädte.** The towns of the Hansa, or Hanseatic League. About the middle of the thirteenth century a number of commercial cities in Germany combined for the purpose of aiding one another in protecting their trade. They had had much to suffer from the feuds and jealousies of petty princes, from freebooters, robbers, and other causes. They kept a fleet, and even went to war with the Danes and Norwegians. Of these towns Lübeck was the chief. Owing to various causes, the League gradually broke up, and the last sitting was held in 1669. Hamburg, Lübeck, and Bremen still retain the title of 'Hanse Towns.'

11. überflügeln, a military expression, 'to outflank,' hence 'to outstrip.'

16. Morgenland, 'the East' (Orient), where the sun appears in the *morning*. Morgen, Abend, Mittag, and Mitternacht are respectively the poetical expressions for East, West, South, and North.

18. Gerechtsame, 'privileges.' Hoffmann appears to use the word as a plural, but properly speaking it is singular, with the plural Gerechtsamen.

22. zog . . . ein, 'confiscated.'

25. Stände, 'states of the realm,' 'representative assembly.'

26. vorzugsweise geliebt, beloved by way of preference (Vorzug), that is, 'favourite.'

27. durch Heirat. He married Marguérite, daughter and heiress of the Count of Flanders, and by her father's death became possessed of Flanders, Upper Burgundy, and other provinces.

29. Linie (pronounce *Lee-nye*) is a dynasty, as here, or a line in mathematics—eine gerade Linie, 'a straight line.' A line of printing is Zeile, a line of railway Eisenbahn-Linie.

gehörte zu, 'was one of.'

30. Johann der Unerschrockene, the Intrepid, or Jean Sans Peur, as he was called, was assassinated by the party of the French Dauphin in 1419.

31. Philip the Good formed alliances with Henry V. and VI. of England, and assisted at the capture of Joan of Arc in 1430. He reigned nearly forty-eight years.

32. trat . . . an. An has here the meaning 'to begin,' so that antreten is 'to take the first step,' thence 'to begin,' 'to enter upon.' Cf. anschneiden, 'to cut the first piece.'

33. Karl der Kühne, Charles le Téméraire—the Rash or Bold, as he is more commonly styled. This prince and his relations to Louis XI. of France form the historical background of Sir Walter Scott's romance of *Quentin Durward*. He says of him: 'Charles the Bold, or rather the Audacious, for his courage was allied to rashness and frenzy, then wore the ducal coronet of Burgundy, which he burned to convert into a royal and independent crown.'

F

39. **Hinfälligkeit**, 'instability.'

52. **Begierde**, a compound of the less usual **Gier**, fem., meaning a violent longing after something. Other compounds are **Neugierde**, 'curiosity' (a desire for what is new), and **Wißbegierde**, 'curiosity' in a better sense (a thirst for knowledge—**Wissen**).

57. **Lütticher**, the inhabitants of Liége, which is in German **Lüttich**.

58. **Genter**, the inhabitants of Ghent in Flanders.

schon zugestandene, 'already conceded.' **Gestehen** is 'to confess.'

62. **erbittert**, 'implacable.'

65. **Süderſee**. The Zuyder-See in Holland.

74. **Liſt**, 'cunning,' implies concealing one's designs from others. **Verſchlagenheit**, from the verb one of the meanings of which is 'to shut out,' 'push aside,' has the meaning of overcoming obstacles by crafty designs to attain a certain end. Say 'craftiness.'

75. **auf die Dauer**, 'in the long-run.'

77. **Neuß**, a town near the Rhine opposite Düsseldorf. It was relieved by the German Emperor Frederick III.

83. **verpfänden**, 'to mortgage.'

85. **erlangen**. **Langen**, from **lang**, means 'to extend in length,' hence 'to reach' (intr.), and **erlangen**, 'to obtain by reaching,' hence, in general, 'to obtain.'

87. **Abſagebrief**, 'letters of renunciation.'

Vogt, from Low Latin *vocatus*, for *advocatus*, originally meant guardian (in ecclesiastical affairs). Subsequently the meaning was extended to mean, in general, 'guardian,' 'patron,' etc. In the Middle Ages it was a title given to the governor or stadtholder of territory at a distance from the dominions of the prince.

94. **gesonnen**, p.p. of **sinnen**, used as an adjective, but predicatively only, to mean 'minded,' 'inclined.' The adjective **geſinnt** seldom occurs except in compounds: **hochgeſinnt**, 'high-minded,' **freundlich-geſinnt**, **deutſch-geſinnt**, 'with German sympathies,' etc.

95. **vorzugsweiſe**, 'specially.' See note, l. 26.

97. **Dijon**, the capital of the Duchy of Burgundy.

98. **wohl verſehen**, 'well (*i.e.* amply) provided.' If the meaning

had been that the defences were in a good or efficient state, the adverb gut would have been used.

108. angesehensten, from ansehen, 'to look at,' means 'looked at,' *i.e.* 'looked up to,' 'respected.'

110. Fackel and Schwert are the so-called absolute accusative, but are governed by some such verb as habend or haltend understood.

112. vernehmen, to perceive with any of the senses, most commonly with that of hearing. Hence ' to learn,' ' to hear,' etc.

113. gedenke, Indirect Narration, Charles's words being quoted. The pres. subj. is here used in preference to the imperfect, as it brings out more clearly the indirect speech. The imperfect gedächte could also be used in *direct* speech for the conditional, to mean, 'would intend.'

117. The Jura Mountains separate Upper Burgundy (Haute Bourgogne) from Switzerland.

118. Neuenburger See. Neuenburg is the German for Neufchâtel (*neuf*=new, *châtel*=castle, Burg). But it is better known, even in Germany, by the French name.

120. erst . . . als, 'only when,' 'not till.'

121. sämmtlich, adv., lit. 'collectively,' 'all ' (=alle).

122. ersäufen, trans., 'to drown,' factitive of ersaufen, 'to be-drowned' (ersoff, ersoffen). From saufen, 'to drink,' used of animals and (vulgarly) of men. One meaning of er- being completion to the utmost limit, ersaufen means literally to imbibe till the furthest limit (*i.e.* death) is reached. The usual expression is ertrinken (factitive ertränken). Ersäufen, being a stronger term, implies the brutal manner in which Charles treated the confederates.

133. Engpaß, masc. 'defile.'

141. Waffen, 'arms,' plural of die Waffe. 'A coat of arms' is das Wappen, used in singular.

146. in dem Wahne, 'under the delusion.'

152. mit dem zweiten, 'together with (*i.e.* as well as) the second line.'

153. Reisige, 'armed men' (usually mounted)—a word not used in modern warfare.

157. aufgerieben (from reiben, to rub), 'to fret,' 'to rub off,' hence 'to cause to disappear,' and, as here, 'to annihilate,' the commoner words for which are vernichten and vertilgen. Auf in a few verbs (*e.g.* aufbrauchen, 'to use up') implies consumption.

163. blieb in Auflösung. 'remained in disorder,' or '...demoralised.'

164. weit über ... hinaus. 'far beyond.'

172. aufgehängt. Properly speaking, the transitive 'to hang' is hängen, regular; the intransitive, 'to be-hanging,' hangen (hing, gehangen), but like the English (*hung* and *hanged*) they are often confused.

180. Hackenbüchse, 'arquebus,' which is derived from it: as the German word implies, 'a gun with a hook to it,' the hook being used to fasten it to the prop.

181. Armbrüste. 'cross-bows,' a popular corruption of the Low Latin *arbalista* (*arcubalista*), literally 'a bow for throwing.' The corruption originated in the Middle High German.

182. Hauptbanner, 'standards.'

186. Wappenschild, masc., 'escutcheon.'

187. ausgeschlagen, 'lined.'

189. ausgelegt. 'set.'

191. Kugeln. Here 'beads.'

192. Monstranz, 'monstrance,' the transparent box in which, in the Roman Catholic Church, the consecrated host is held up to the view of the congregation.

195. staunten ... an. 'stared at in astonishment.'

197. Zinn is not 'tin,' but 'pewter.' 'Tin' is das Blech.

198. Groschen. In the 13th and 14th centuries a groschen (Engl. 'groat') was worth about 6d. The modern groschen which were current in Prussia and Saxony till after the Franco-German war of 1870-71 were worth but little more than a penny. Similarly a Gulden, 'florin,' line 201, was worth in the Middle Ages about six shillings.

203. Halsspange, 'clasp.'

204. Jakob Fugger. A member of the largest and most wealthy mercantile house of the Middle Ages. The Fuggers were originally weavers by trade in the city of Augsburg, and in course of time

amassed such enormous wealth as to advance large sums of money to various sovereigns. They were ennobled by Charles V. of Germany; one branch even attained the princely dignity. A story is told of a visit paid by the Emperor to Anthony Fugger, who had lent him considerable sums. On this visit the wealthy merchant is said to have made a fire of cinnamon-wood, then a very rare and costly product, and to have lighted it with the bonds given him by his sovereign. Anthony possessed lands in almost every country of Europe, and in the East and West Indies. Their descendants, two families of Counts and one of Princes, own at the present day vast possessions in Bavaria, Württemberg, etc. Jacob was the second of that name, and far surpassed even his ancestors in wealth and position. He died in 1525.

204. der Diamant kam, etc. One of the three diamonds mentioned here, probably the first, is the celebrated 'Sancy Diamond,' about the sixth largest known. It weighs 53 carats, the Koh-i-Noor weighing 104. The 'Sancy' is said to have been found by a Swiss soldier, who sold it for a florin. Eventually its value was discovered, and it came to Spain, into the possession of a M. de Sancy, who offered it to his sovereign, Henry III., to help him out of his difficulties. The story runs that the messenger who was taking it to the King was attacked by bandits and killed, but preserved the stone by swallowing it. It is a fact, however, that it was owned by James II. of England, who sold it to Louis XIV. of France. It was exhibited in the Paris Exhibition of 1867.

209. die Scharte auswetzen, 'to wipe off the old score,' 'to blot out the disgrace.' Scharte, connected with our *shear*, *scar*, is a 'notch' in a blade. Auswetzen, 'to whet, grind out.'

211. Murten. Morat, in the canton of Freiburg, on a lake of the same name, E. of the Lake of Neuchâtel.

212. aufgeboten, 'called out.'

220. unerschütterlich, 'immoveable,' lit. that cannot be shaken (erschüttern).

226. Bannwald: in the Middle Ages a portion of a forest which only those persons were allowed to use who had special privileges granted to them. 'Preserves' is our nearest expression.

227. kriegskundig, 'veteran.'

228. Gewalthaufen, 'main body.'

229. befehligen, reg., is 'to command' (troops); the ordinary word is befehlen (befahl, befohlen).

234. Zaun and its compound Umzäunung (the latter, properly speaking, meaning the act) both mean a 'fence' of any kind. Eine grüne U. = 'a hedge.'

239. gedenken with gen. = 'to remember.' Without a case it means 'to intend': Ich gedenke morgen abzureisen, 'I intend starting to-morrow.'

240. ging es. The impersonal form denotes an action in general. 'There was a going on'; 'They went on.'

255. ermannte sich, 'rallied.'

260. Genfer See, 'Lake of Geneva' (Genf).

267. errungen, from the prefix er, denoting 'to obtain,' and ringen, 'to wrestle,'—'obtained (by struggling),' 'wrested.'

abermals, 'again.' The original meaning of aber in the Gothic language (in the form afar) was 'after,'—later on in M.H.G. it meant 'again,' which meaning it still retains in some compounds, as above.

279. übrig, as an attributive adj., means 'remaining,' 'the rest of': den übrigen Tag, 'the rest of the day.' (Cf. I. 284.) Used predicatively, it = 'left': Er hatte nur 2 Mark übrig. Das läßt nichts zu wünschen übrig, 'that leaves nothing to be desired.'

sich aufmachte, 'started.'

286. in Anspruch nehmen, 'to claim,' 'to take up.' Das nimmt zu viel Zeit in Anspruch.

288. Mann, being here a noun of measure, is used in the singular, like zwei Pfund Thee.

304. Zug, 'battery'; the noun from ziehen, 'to pull.' It has perhaps more significations than any other single word in German. The general meaning is anything drawn out or extended in a line. Hence, 'train,' 'procession,' 'draught,' 'bell-pull,' 'trait' (Lat. *trahere*, to pull), etc., which significations, if there is likely to be any ambiguity, are more clearly marked by a compound noun, *i.e.* Eisenbahnzug, Festzug, Luftzug, Glockenzug, Gesichtszug.

305. stürzt. The present comes in here very aptly in the vivid de-

scription of the battle. It transports us, as it were, to the scene, and helps us to realise it.

311. unter Schneegestöber, 'during a heavy snow-storm.' Stöbern is to drift about in the air like flakes of snow. It is very unusual for the adverbial expression, as here, to come between the subject and its verb.

314. Horn von Uri. When the inhabitants of the Swiss canton of Uri went forth to battle they were preceded by a person called the 'Stier von Uri,' who blew on the horn of an ox as on a trumpet.

319. zu dem allen, 'in addition to all this.' Dem is here demonstrative.

323. mit is used alone to mean 'with others,' 'with the rest.'

324. kaum mehr seiner selbst mächtig, 'having almost lost all control over himself.' Mehr with a negative often translates our 'longer'; nicht mehr, 'no longer'; kein(er) mehr, 'no longer any.'

325. gelangt, 3d sing. present indic. of the reg. verb gelangen, 'to get,' 'to reach.' See note, 1. 85. Do not confuse it with gelang, imperf. of gelingen, 'to succeed.'

329. ereilt, 'overtakes.' From er, denoting 'to obtain,' and eilen, 'to hurry.'

335. Der ihn erschlagen. Der is here correlative = derjenige welcher. After erschlagen, supply hat. The auxiliary when thrown to the end is sometimes omitted. It is generally a matter of rhythm or euphony.

344. In ergießen, er has the less common signification of 'forth'; 'to pour forth.'

356. wohl, 'no doubt.'

III.

DIE HINRICHTUNG LUDWIGS XVI. UND SEINER GEMAHLIN.

1. war ... versetzt. Just as the present is used in German for the perfect, to denote a still incomplete action, so the imperfect corresponds to our pluperfect: Ich bin seit 4 Tagen in B., 'I *have been* in B. for (the last) 4 days'; ich war 4 Tage in B., als, etc., 'I *had been* in B. for 4 days, when,' etc.

4. Sittenverderbnis, 'moral corruption.'

6. lockern, 'to loosen.' From locker, 'slack.' The -er is part of the simple adjective, not the inflection. Ein lockerer Zeisig, 'a loose fish.'

10. Steuern und Abgaben, 'imposts and taxes.' A Steuer (the common word for 'tax') is compulsory; Abgabe may either be voluntary or compulsory (from geben, 'to give'). Steueramt, 'custom-house'; Steuereinnehmer, 'tax-collector.'

11. erschwingen, 'to afford.' But the col'oquial equivalent of 'I can't afford it' is das ist mir zu teuer.

13. der hohe Klerus. The higher order of clergy were connected with the nobility, and enjoyed privileges in the matter of taxation which were denied to the lower orders.

18. Staatsgebäude, 'fabric of the state.'

22. kenntnisreich, 'well-informed.'

25. Brandungen, 'surfs.'

28. Frohndienste. The '*corvée*,' or 'forced labour.' The labourers and peasants were compelled to work without payment, and for certain periods, on roads, fences, draining, and in other public employments, which was often the cause of great distress. Frohn is from an Old High German word frô, signifying 'lord' or 'master,' and occurring in many compounds to signify 'Christ': Frohnleichnam, 'the body of Christ'; Frohnleichnamsfest, 'Corpus Christi Day.'

Aufhebung der Klöster, 'dissolution of the monasteries.'

29. Entwerfung, etc., 'the framing of a new code of civil law.'

33. Gleichheit der Abgaben, 'equality of taxation,' *i.e.* that the nobility, upper clergy, and the so-called *tiers-état*, the 'third estate,' or burgher class, should be taxed upon the same footing.

35. 140 Millionen Livres. About £5,280,000.

39. zur Abwendung, 'to avert.' A verbal noun in -ung is often used where we should put an infinitive, *e.g.* zur Rettung, 'to save.' It thus avoids the breaking up of the compound sentence into too many dependent or infinitival ones. Cf. l. 77.

45. Reichsstände, 'States-General,' containing representatives of the three classes mentioned above note, l. 33.

48 **ruchlos** properly means 'careless,' in the older sense of 'without care or forethought'; then 'without care for the results,' 'vile,' 'wicked,' 'pernicious.' English cognate, 'reckless.'

50. **residierte**, the technical expression with reference to a court. Cf. Residenz-Stadt, 'capital,' 'residence of the court.'

55. **Varennes.** A small town in the Department of the Meuse, about 110 miles east of Paris, not far from the Belgian frontier.

59. **Tempelturm.** The Temple was a gloomy prison in the low quarter of Paris.

60. **Österreich und Preußen.** Other European countries looked with displeasure upon the advance of republican ideas, and considered that the treatment of the French monarch concerned them all. The emigrant nobles therefore had no difficulty in persuading them to cross the frontier.

67. **Unverletzlichkeit,** 'inviolability,' 'sacredness of the kingly dignity.'

Nationalkonvent, 'National Convention.'

71. **Anklageakte,** 'act of impeachment.'

74. **gefehlt.** The intransitive personal verb **fehlen** means 'to do wrong.' Meaning 'to want,' 'to lack,' **fehlen** is used impersonally: **es fehlt mir (an),** 'I am in want of.'

81. **Weise,** English 'wise' ('likewise,' etc.), 'way,' 'in a shameful manner.' Cf. glücklicherweise, 'luckily,' schrittweise, 'by steps,' etc.

84. **abgemessen,** 'deliberately.'

87. The **sich** belongs of course to **entfernt**.

88. **Anwalt,** a general term for 'advocate,' 'lawyer.' **Sachwalter,** l. 127, is 'counsel,' 'attorney.'

101. **erbot sich,** 'offered (himself).' Used of persons offering to do a thing. 'To offer' anything to anybody is anbieten.

114. **Jacobiner.** The most revolutionary among the republicans. So called because their club held its meetings in an old Jacobin convent.

115. **boten alles auf.** Alles aufbieten, 'to do all in one's power,' 'to leave no stone unturned.'

116. **Schmähschrift,** 'lampoon.'

118. geeignet, 'suitable,' 'calculated,' 'likely.'

129. besprach sich. Besprechen, trans. is 'to talk-over,' reflex. 'to converse.'

136. verbreitete sich, 'expatiated,' 'dealt with.'

145. Abschaffung, 'repeal.'

147. Leibeigenschaft, 'serfdom,' 'vassalage.'

148. peinliche Gesetzgebung, 'criminal legislation.'

151. Herkommen, that which *comes hither* from former times. Hence 'custom,' 'tradition.'

153. ließ sie teilhaftig werden, 'allowed them to participate,' that is, 'granted.'

166. eingeflößt, 'inspired with.' Einflößen has the same construction (acc. and dat.) as vorwerfen, above, l. 164, though we say 'to inspire *with*,' 'to reproach *with*.'

172. hätte. Abnormal arrangement. According to the rule, hätte should come after sollen, but when there are already two infinitives at the end, the finite verb precedes them—usually coming immediately before them.

173. schonen. See note to I. l. 151.

177. bedeutete, 'signified.'

186. erstorben, 'died out.' The er here implies thoroughness, completion.

187. Girondisten. The Girondists received their name from the fact that most of the leaders of the party represented the Department of the Gironde. They were the better educated and more moderate of the republicans.

191. durchschlagend, 'vigorous.'

194. Fragen wurden gestellt. 'To ask a question' is either eine Frage stellen or etwas fragen; 'I want to ask you a question,' ich möchte Sie etwas fragen; 'he always asks so many questions,' er fragt immer so viel. 'To ask,' *i.e.* request or beg, is bitten. Ich bat ihn um eine kleine Unterstützung, 'I asked him for a little assistance.'

beantwortet. 'To answer' a thing, *e.g.* a letter, etc., is the trans. verb beantworten, or antworten auf (acc.), the latter used for a more direct or categorical reply to a question. 'To answer' a person is antworten, with the dative. See l. 288. Er antwortete mir, daß, etc.

201. Einschränkung, 'proviso,' 'stipulation.'

211. erbat sich. Erbitten, according to the import of the prefix er-, means 'to obtain by begging.' But as here and lower down (l. 272) Louis' request was refused, the er- would seem to lose its force. It implies, however, that the King in both cases was confident his wishes would be complied with. They surely would not refuse him these modest and harmless requests.

220. Sorge tragen, 'to take care,' 'to look after.' 'To take care' has various equivalents in German according to the meaning. If it signifies 'to take charge of' it is sich annehmen (gen.) or Sorge tragen. If 'to beware,' sich hüten (with infin. *affirmative*, or vor). 'Take care *not* to get among the brigands,' hüten Sie sich unter die Räuber zu kommen. Hüte dich vor dem Hunde. Or sich in Acht nehmen,—du mußt dich in Acht nehmen, daß du nicht ins Wasser fällst.

228. längere Zeit, like the Latin comparative, meaning 'somewhat long,' 'for a considerable time.'

230. namentlich, 'particularly,' not to be confused with nämlich, 'that is to say.'

241. unter Schluchzen, 'amid sobs.' Unter has here the meaning of contemporary action, 'during sobbing.' Cf. unter dem Essen, 'during the meal,' unter heftigen Zuckungen, 'amid violent convulsions.'

244. immer, like French *toujours*, means 'still' as well as 'always.'

246. öfter. See note, l. 228.

252. der Mutter. In speaking of relations a German would use the definite article where we should put a possessive adjective pronoun: 'his mother.'

254. in Ohnmacht fallen, or ohnmächtig werden, 'to faint.'

261. erstochen. Stechen, 'to stab,' erstechen, 'to kill by stabbing,' er- here denoting an extreme consequence.

264. solle. The subjunctive is used after befehlen, as it comes under the head of Indirect Narration: 'they ordered,' *i.e.* '*said* they were to.'

270. mochte nicht, 'did not want to,' a common meaning of mögen.

271. Gemeindebeamten, 'municipal officers.'

272. eine Schere, 'a pair of scissors.' Not used in the plural. Meine Schere, 'my scissors,' etc. Other articles composed of two parts are similarly used in the singular, *e.g.* die Brille, 'spectacles'; die Zange, 'pincers'; der Zirkel, 'compasses.'

277. Laden, 'shutter,' pl. Läden. Laden, 'shop,' pl. Laden.

283. zu bringen, 'to bid.' Bringen is used similarly in other expressions: ein Ständchen bringen, 'to serenade'; seine Glückwünsche bringen, 'to offer one's congratulations.'

284. Kleinode, 'valuables,' has also the plural Kleinodien. It is formed from klein, 'little,' with the termination -od, the same as the -ut in Armut, 'poverty,' and the -at in Heimat, 'home.'

287. Gemeinderat, 'municipal council.'

289. Auftrag, 'commission,' 'errand.' Einen Auftrag ausrichten, 'to execute a commission.' 'To go on an errand' is etwas besorgen.

291. Besteigen, 'to enter.' Einsteigen, 'to get in' (to a carriage, etc.); aussteigen, 'to get out.' Aufsteigen, 'to mount'; absteigen, 'to dismount.' The latter also means 'to alight,' 'to put up' at an inn, etc.

297. Brevier, 'breviary,' the book containing the services of the Roman Catholic and Greek Churches.

305. entkleiden. The common expression for 'to undress' is auskleiden.

311. einen Schritt is the accusative of extension of space.

315. übertönte, 'drowned.'

317. der heilige Ludwig, 'St. Louis,' died in 1270. He was canonised on account of his attachment to the Church. See note on I. l. 35.

325. Kalk, masc. is 'lime.' 'Chalk' is Kreide.

beschütten, 'to cover' (by shaking on). From schütten, 'to shake on,' 'sprinkle.' The diminutive form schütteln is 'to shake,' or 'toss,' 'about.'

326. möge. Mögen makes a request more polite and deferential, 'to be so good as to . . .' Er bat mich, ich möchte es besorgen, 'he asked me to be so good as to get (or see to) it.' In the text daß man seiner Familie gestatte would be equally correct, but less suppliant. In line 328 möchte means 'might be pleased.'

334. **Simon.** This barbarian was a municipal officer, and one of the commission appointed to supervise the Temple. He was constantly in the presence of the Royal Family, and as constantly loaded them with insults.

343. **auf einen Beschluß,** 'In accordance with a decree.' Note the accusative, from analogy with **antworten auf.** Similarly **auf meine Bitte, auf den Befehl,** etc.

344. **Ludwig Capet.** So called after Hugh Capet, who was elected King in 987, and thus founded the dynasty. It was he who made Paris the capital.

357. **Prinzessin Lamballe,** a devoted friend of the Queen. She was afterwards cruelly murdered.

363. **verleitet,** 'led away or astray.' **Ver=** denotes here 'wrong'; in **verschleudert,** l. 367, it implies loss or destruction—'flung away.'

370. **eingewirkt (auf),** 'influenced.'

383. **angehalten,** 'encouraged,' 'incited.' **Anhalten** has the apparently opposite significations of 'to stop' (trans.) and 'to drive on,' 'instigate.'

384. **Gemütsbewegung,** 'emotion.'

390. **entkräften. Ent-** has the meaning of 'removal' or 'deprivation.' Hence **entkräften** (from **Kraft,** 'force') is 'to deprive of the force,' 'to weaken,' 'to rebut.' Similarly, below, l. 393, **Entstellung** = 'removal from its proper place' (**Stelle**), 'disfigurement,' 'distortion,' 'perversion.'

421. **Schreckensregierung,** 'reign of terror.'

423. **angeknüpft,** literally 'knitted,' 'tied together,' 'united.' Say 'entered upon.'

IV.

DER DEUTSCH-FRANZÖSISCHE KRIEG.

5. **Prinz Leopold von Hohenzollern-Sigmaringen.** Up to the year 1848 the Hohenzollern-Sigmaringens (Suabian line) enjoyed a certain amount of independence, but under Leopold's father, Karl

Anton, after the Revolution in this year, their territories were incorporated with Prussia. In 1861 they received the title of Royal Highness. Leopold was thus, without doubt, a Prussian Prince, though his connection with the French Imperial family was certainly closer than with the present Prussian dynasty, his maternal grandmother being Stéphanie de Beauharnais, step-niece of Napoleon I., but he was not what one would exactly call a 'near relation.' The present Emperor of Germany is also a Hohenzollern, but of the Franconian line, both branches being descended from brothers who lived in the 12th century.

9. erbberechtigt, 'entitled by inheritance,' 'legitimate,' 'rightful heirs.'

11. dulden, daß, etc. Note that the English accusative and infinitive ('suffer a prince to become,' etc.) is inadmissible after dulden.

13. Thronbewerbung, 'candidature.'

19. sich verstehen zu, 'to assent to.'

23. Man atmete, etc., 'people therefore breathed more freely,' 'it was therefore quite a relief.' Ordentlich, 'regularly,' 'really,' 'properly.'

25. galt, 'was considered.' Gelten means 'to be worth,' 'to pass (for).' Eine Mark gilt einen englischen Schilling. Ja, das gilt, 'yes, that is a fact.' Das gilt mir gleich, 'that is all the same to me.' Es gilt also = French *il s'agit de*: es gilt einen Versuch, 'it is merely a question of trying.'

30. zumuten (with dative), 'to expect from.' Das hätte ich Ihnen nicht zugemutet. 'I should not have expected that from you.'

36. Brunnenpromenade, 'esplanade.'

40. er wurde darauf verwiesen, 'he was reminded,' 'his attention was called to the fact.'

Flügeladjutant, 'aide-de-camp.'

48. Mobilmachung, 'mobilisation.'

53. Schutz- und Trutzbündnis, 'offensive and defensive alliance.' Trutz is only a form of Trotz, 'defiance,' adopted in this expression for reasons of rhyme. This alliance was concluded between the North German Confederation, *i.e.* those States north of the Main, and the

South German States (Bavaria, Württemberg, Baden, and Hesse-Darmstadt) after the war between Prussia and Austria in 1866.

61. **Sprengung,** 'explosion.' See note to I. l. 144.

62. **von Straßburg aus.** Notice the double prepositional form **von ... aus,** in this case to mark the distinction between 'of' and 'from.' Similarly, **vom Norden her, nach Metz zu,** 'towards Metz.'

64. **zerstob,** connected with **Staub,** 'dust,' 'to disperse,' 'be scattered like spray.' **Zerstieben, zerstob, zerstoben;** seldom occurring in the simple form **stieben.**

69. **wiedererstehen,** 'to rise again.' The Scriptural expression is **auferstehen. Auferstehung,** 'resurrection.'

70. **Mobilmachung der deutschen Heeresteile.** Every German, except such as are incapacitated by ill-health, and the clergy, is bound to serve in the army seven years (from his twentieth to his twenty-seventh year) *i.e.* three years by the colours and four years in the reserve. Those, however, who can support themselves, and pass a certain examination, are only required to serve one of the three years, and are called **einjährige Freiwillige.** The following five years he belongs to the Landwehr or supplementary force, and every German not serving as above is included in the Landsturm, a force which is only called out upon an actual or threatened invasion of German territory. He is thus liable to military duty from his seventeenth to his twenty-fifth year.

80. **Armeecorps.** The German army is divided into seventeen army corps and one Prussian corps of guards. Each army corps consists, as a rule, of two divisions of infantry, one brigade of cavalry, and one of artillery, besides one battalion of rifles (sometimes two), and the usual pioneers, sappers and miners, train, etc., so that each forms a small army of itself. The army corps are territorial, each being furnished by a certain State, district, or number of districts of the Empire, and having its headquarters there. For example, the Twelfth corps is furnished by and stationed in Saxony, the Thirteenth in Württemberg, etc.

93. **erlassen.** The **er-** here has the less common signification of 'forth,' as in **ergießen,** 'to pour forth.'

97. getroſt, 'confidently.' Lit., 'with consolation,' from der Troſt.

107. waren es, etc. The subject is Anklagen, the es being looked upon as a kind of indeclinable pronoun, not following either the gender or number of the noun. Cf. es war ſeine Nichte, or, inverted, ſeine Nichte war es; es waren meine Söhne.

108. Napoleon is dative.

126. berufen means here, 'destined,' 'intended.'

129. Spannung—from ſpannen, 'to stretch,'—'tension,' 'suspense.' Ein ſpannender Roman, 'an exciting novel.' Einen Bogen ſpannen, 'to bend a bow.' Die Pferde hinter den Wagen ſpannen, 'to put the cart before the horse.' Einſpannen, 'to put to'; ausſpannen, 'to unharness'; umſpannen, 'to change horses'; aufſpannen, 'to put up' (an umbrella).

Waffengang, 'appeal to arms,' 'struggle.'

135. rückten ... heran. Rücken, literally 'to move with a jerk' (der Ruck) is the technical military expression for 'to move.' Vorrücken, 'to advance.' Ruckweiſe, 'by jerks.'

136. Schauſtück, 'spectacle,' 'performance.'

144. Zuſammenhang, 'circumstances connected with' (zuſammenhangen), 'ins and outs', 'bearings.'

157. ſtieß ... auf, 'fell in with.'

160. Ringen, 'struggle,' from the verb meaning 'to wrestle.' Ringkampf, 'wrestling-match.' What case is Ringen, and why? Erringen (l. 161), 'to obtain by wrestling or struggling.'

170. Höhenzug, 'ridge,' 'heights.'

171. in einer ... Stellung. This is the attributive mode of expressing the construction of ſein, followed by an infinitive with zu. The infinitive becomes a gerundive and retains the zu: Das Pferd iſt zu beſchlagen, 'the horse is to be shod'; das zu beſchlagende Pferd; ein zu beſchlagendes Pferd, etc. Die Stellung war für uneinnehmbar zu halten, 'the position was to be (i.e. was such as might be) considered impregnable'—die für uneinnehmbar zu haltende Stellung. Cf. below, l. 187.

173. unerſchütterlich, 'determined,' 'unflinching,' literally 'not to be shaken' (erſchüttern.

181. Lockerung, from locker, 'slack,' 'laxity.'

183. jubelte ... entgegen, 'welcomed with rejoicings.'

193. Mamelucken. The Mamelukes were a military body founded in the 13th century, and subsequently formed into a dynasty, which ruled in Egypt. The bulk of these, said to be the finest cavalry in the world, were destroyed by Napoleon I., and soon after they became extinct.

198. Ausweisung, from weisen, 'to show,' 'to point': the 'showing out,' 'expulsion.'

223. zur Ausführung gelangen (or kommen), 'to be carried out,' 'accomplished'; zur A. bringen, 'to carry out.'

228. kam es darauf an, '*il s'agissait de*,' 'it was a matter of importance to.' Cf. note, l. 25; es galt would also do here.

229. Straße is not necessarily a paved way, like the English 'street,' but a road of any kind. 'Road' is more correctly defined by Landstraße. 'High-road,' die Chaussee.

239. Rücksicht nehmen auf (acc.), 'to pay heed to.' Rücksicht, 'a looking backward to' (cf. *re-spect*, from L. *re*, 'again,' 'back' and *spectum*, 'looking'), 'regard,' 'consideration.'

246. standgehalten: formerly written Stand gehalten, 'held their ground.'

248. Feuerschlund: French *bouche à feu*, 'cannon.' Schlund, 'throat,' 'gullet'; also used figuratively for 'gulf,' 'abyss,' etc.

> Wer wagt es, Rittersmann oder Knapp',
> Zu tauchen in diesen Schlund?
>
> SCHILLER, *Der Taucher*.

264. Verhau, 'abattis,' barricade of trees cut down. From verhauen, 'to lop.'

271. knarren, an onomatopoetic word (*i.e.* one representing some natural sound): 'to creak,' as of a wheel, or a door on its hinges.

278. über diesem, etc. Über with the dative has in a few idioms the meaning of 'during.' Cf. über dem Lesen einschlafen.

284. Königgrätz, a decisive battle in the war between Austria and Prussia in 1866. The latter was victorious.

G

289. wohl, 'perhaps,' 'some.'

306. gestützt, literally 'propped.' Say 'relying.'

321. gelang. Note the construction of gelingen. It is used only in the 3d person; the person (or thing personified, as in this case) who is successful is in the dative, and the object of the success in the nominative: 'I succeed in the undertaking,' das Unternehmen gelingt mir.

329. gewaltig, literally 'powerful,' sometimes refers merely to size, 'immense': gewaltige Eisblöcke, 'huge masses of ice.'

334. Bahn is any smooth way; hence Eisenbahn, 'railway,' Eisbahn or Schlittschuhbahn, 'place for skating,' Kegelbahn, 'skittle-alley.'

344. Bande, plural of das Band, 'bond,' 'tie.'

352. Degen, connected in etymology with our 'dagger' (French *dague*), is the commoner word for 'sword.' Schwert is more poetical, Haudegen, 'swashbuckler.'

354. sich auf Gnade und Ungnade ergeben, 'to surrender at discretion.'

357. Graf Bismarck. A title and a proper name not preceded by the article are considered as a compound word, and declined as such, *i.e.* the last member only takes the inflexion: Gen. Graf Bismarcks, Dat. and Acc. Graf Bismarck. But with the article the former only is declined: Gen. des Grafen Bismarck, Dat. dem Grafen B., Acc. den Grafen B.

361. ergreifend, 'impressive.'

367. Dank is used only in the singular: meinen besten Dank, or vielen Dank, 'many thanks.' Ich danke (Ihnen) sehr, or bestens, 'thank you very much.' Remember that if offered anything, ich danke means '*No*, thank you.' Our 'Thank you,' meaning 'I accept with thanks,' is bitte, or wenn ich bitten darf.

377. Heergerät, or Kriegsgerät, 'war material.'

378. mächtig, like gewaltig (cf. l. 329), but less commonly, also means 'immense.'

381. ist wohl zu verzeichnen, etc., 'in connection with this battle may perhaps be noted.'

396. mit den wechselnden Rufen, 'shouting in turns.'

398. erhob den Antrag, 'brought in a motion.'

403. Getöse, 'din.'

406. provisorisch, 'provisional.'

414. dessen, when used for sein, always refers to the last-mentioned (masc. or neuter) noun. Had sein been put here, it might have referred to Sturm or to Prinz.

417. verließen. Notice the plural, though the grammatical subject is Anzahl. Verließ would be equally correct, but as in English ('a large number *were* present') the verb may agree with the *logical* subject, here Familien, the idea being 'families left France in great numbers.' Anzahl is not used in the plural.

425. stürzen, like fallen, being a neuter verb of motion, is conjugated with sein.

fortgesetzt. There are three words for 'to continue.' If it means *to last*, it is fortdauern: der Lärm dauert fort, 'the noise continues.' If it signifies *to continue to do a thing*, it is fortfahren: er fuhr fort, die Gegend zu durchsuchen, 'he continued to search the country.' Thirdly, there is the transitive verb fortsetzen: ich setze die Arbeit fort.

437. Hauptstadt des Elsaß. The capital of Alsace is Strassburg.

441. zur Übergabe. Note that a noun often takes the place of our infinitive: 'to surrender.' Cf. above, l. 427, die Wiederaufnahme, 'to resume;' den Übertritt, 'to cross' (l. 720). See also III. l. 39.

443. Verlust has no connection with die Lust, 'pleasure,' but is the verbal noun from verlieren (like Frost from frieren). Note that it is masculine, and does not modify in the plural.

454. herbeizuführen. Herbei in compounds means 'to the spot,' 'up.' Herbeirufen, 'to summon up,' herbeieilen, 'to hurry up.'

461. Garibaldi first came into notice in 1833, in co-operation with Mazzini in his struggle for Italian unity. Subsequently he fought in South America, against Brazil, and on his return took the field for the Roman Republic against the French and Neapolitans. He afterwards joined Victor Emanuel, and having been victorious in Sicily retired after the proclamation of the latter as King. After several campaigns with his celebrated volunteers on behalf of Italian freedom and unity, and an unsuccessful attack on the Austrians in 1866, in which he was wounded, he retired to his estate in the island of Caprera until the

overthrow of the French monarchy presented ano her opportunity of fighting in defence of his favourite ideas.

469. **Guerillakrieg**, 'guerilla war,' is derived from the diminutive of the Spanish word *guerra*, 'war,'—an irregular kind of warfare, carried on by independent bands.

470. **bunt**, 'many-coloured,' 'gay.' Say 'motley.'

473. **Rauflust**, from **raufen**, 'to pluck, tug,' hence 'to quarrel,' and **Lust**, 'pleasure,'—'pugnacity,' 'combativeness.'

475. **aufgestachelt**, from **Stachel**, 'a sting,' 'stirred or called up,' 'aroused.'

478. **Hingebung**, 'self-sacrifice,' is dative.

482. **zufolge**, when it precedes the noun, takes the genitive, when it follows it takes the dative.

488. **Heerführung**, 'generalship.'

496. **großartig** from **groß**, and **die Art**, 'the kind': 'great in its kind.' It is used of almost anything, abstract or concrete, perceptible by the ears, sight, touch, etc., to denote a very high degree of excellence. 'Grand' is our nearest word. A view, a feat or performance of any kind, anything in nature or art, may be **großartig**.

500. **Pflege** and **Sorge** both mean 'care'; the former is applied to *deeds*, the latter more to *forethought*. **Pflege** is the dressing of the wounds, administering the draughts, smoothing the pillows, etc., **Sorge** rather the thought which prompts to such action. **Pflege** may often be rendered 'nursing.'

507. **Herbeischaffung**. See note, l. 454.

517. **üppig**, properly 'luxuriant.' For **das üppige Treiben**, say 'bustle and animation.'

524. **Brieftauben und Luftballons**. Many people who were able to bear the expense left Paris by balloon, amongst others Gambetta, who descended at Amiens and joined the Government at Tours. By means of carrier-pigeons, to whose wings or legs messages, and even pages of newspapers, photographed to an incredibly small size, and only able to be read through a magnifying-glass, were attached, communication with the outer world was maintained.

529. **anfänglich zuerst**. The **zuerst** seems redundant. Hofmann

means to imply that as a commencement these sorties were first made in a southerly direction.

535. war gerichtet gewesen. Not the passive, which would be war gerichtet worden, but the pluperfect of sein, and the participle gerichtet used as an adjective. A *state*, not an action, is implied. The care of the Government had been (a care) directed to the formation, etc.

547. bewähren, from wahr, 'true,' signifies to prove true or genuine, and the participle is used with the meaning 'tried,' 'trusty,' 'loyal,' 'of established excellence.'

555. einreißend, 'spreading,' 'gaining ground.'

568. Weichsel, 'Vistula.'

595. Stadtgemeinde, 'community.'

599. Stadthaus, '*hôtel de ville*.'

604. vereitelte. Ver forms verbs from adjectives and nouns, but generally with an idea of deterioration or destruction of the original state (in which it differs from er). Hence vereiteln is 'to render vain or useless,' 'to frustrate'; verarmen, 'to impoverish'; versteinern, 'to petrify'; verbittern, 'to embitter,' etc.

608. eingeleitet here 'opened.' Literally 'introduced.' Einleitung, 'introduction' (to a book).

611. benutzt, 'taken advantage of.'

613. viel Rühmens, 'a great fuss,' 'much ado.'

617. es konnte nicht ausbleiben, 'the inevitable result was.'

619. Repressalien, 'reprisals,' corrupted from the French *représailles*.

653. Beschwerden, from schwer. 'hard,' 'heavy,' 'hardships,' 'toils.' Beschwerde also means 'a complaint' (about a wrong): sich beschweren (bei jemand über etwas), 'to complain,' 'to lodge a complaint.'

657. Trümmer, 'ruins,' 'remains,' pl. of der Trümmer. But the word is as frequently found as a feminine, pl. die Trümmern. SANDERS says that Trümmer, properly speaking, is the plural of the little-used das Trumm looked upon as a singular. Anyhow the singular is seldom or never used, only the plural—die Trümmer or Trümmern.

658. Von dieser Seite aus. See note, l. 62.

659. besorgen from Sorge, 'care' (in its several senses), means here

'to fear,' 'to apprehend.' Another meaning is 'to see to': er beſorgte die Ausladung des Schiffes, 'he saw to the unloading of the vessel.' Colloquially it often occurs in the sense of 'to get': Karl, beſorgen Sie mir ein paar Weintrauben, 'Charles, get me a few grapes.'

668. ausdauernd, 'persevering,' 'energetic.'

673. nochmalig, from the adverb nochmals, 'again,' which is composed of noch, 'yet,' and Mal, 'time' (French *fois*),—'repeated.' Numeral adjectives are formed in the same manner from Mal, *e.g.* einmalig, 'once recurring,' zweimalig, etc.; nach zweimaligem Hervorrufe, 'after being called twice before the curtain'; ein dreimaliges Hoch, 'three cheers.'

687. Franctireurweſen, 'system of *franc-tireurs*,' or irregular troops. See l. 469.

im Gange, 'in vogue.'

699. wenn is not conditional here, but refers to time, 'when'; otherwise it would take the subjunctive.

709. kommt. The present implies great determination: 'no one *shall* get through.'

auf Lyon zu, 'towards Lyons.'

715. winterlich unwirtbar. The former is an adverb: 'inhospitable on account of the winter season.'

724. die Hand an ſich ſelbſt legen, 'to take one's (own) life,' 'to commit suicide.'

736. reicher geworden, etc. This deviation from the rule requiring the perf. partic. at the end is accounted for by reasons of rhythm, as will be seen by reading it in its proper place.

738. infolge eines auf vertragsmäßige Übergabe lautenden Befehls, 'in consequence of instructions sanctioning surrender by treaty.' Lauten means 'to run,' in the sense of 'to be as follows' (as in 'the letter *ran* thus'), 'an order the terms of which were.' Vertragsmäßig is compounded of Vertrag, 'treaty,' and mäßig (from Maß, 'a measure'). The latter is of constant occurrence in compounds, and signifies 'in the measure of,' 'in accordance with,' 'in a — manner,' *e.g.* mittelmäßig, 'medium,' 'moderate' (in a middling manner),

verhältnismäßig, 'proportionate,' verfassungsmäßig, 'constitutional,' rechtmäßig, 'legitimate,' etc.

742. vorzugsweise, 'specially' see note to II. l. 26.

745. gedacht. Gedenken with the genitive means in modern prose 'to mention.' The meaning ' to remember,' with the same construction, is getting obsolete. The expression gedenke mein, for 'remember me,' is however still current.

768. ein gesuchter Artikel, 'an article much in demand.' Die Äpfel werden sehr gesucht. Ein gesuchter Arzt, 'a popular physician.' Ein gesuchter Witz, 'a far-fetched joke.'

769. bei often = wegen, 'owing to.'

772. rafften . . . hinweg, 'carried off.'

773. wie standhaft auch (or so . . . auch), 'however firmly.'

776. gesellten sich, middle voice, literally 'associated themselves,' 'were added.'

780. zueilend. Zu in compounds implies 'towards': zulaufen auf (acc.), 'to run towards'; ich lief auf ihn zu.

782. völkergeschichtlich, 'in the history of nations.'

788. Erhebung Preußens zum Königreiche. In the year 1618, John Sigismund, Elector of Brandenburg, inherited the Duchy of Prussia, which united territories, under Frederick William, the 'Great Elector,' were largely augmented by inheritance and conquest, and left in a condition of great prosperity. His son, Frederick III., assumed the title on the 18th January 1701.

790. verlesen is a formal official expression for 'to read.'

809. Kapitulation. The siege of Paris had lasted four months and seven days,—from the 21st September to the 29th January.

821. 200 Millionen Francs: £8,000,000.

824. Wirken. The verb means 'to effect,' 'to bring about.' Translate here 'activity.'

839. elysische Felder: '*Champs Elysées*,' a wide avenue about a mile long, leading from the Arc de Triomphe to the Place de la Concorde.

851. fünf Milliarden, £200,000,000.

863. Siegesfürst, 'victorious sovereign.'

865. Reichstag, 'Diet of the Empire.' So called (from Tag, a day, Latin *dies*—hence 'diet') because the assembly met on a certain fixed day. The Reichstag is composed of representatives from the different States of the German Empire in proportion to their population, and is in the full sense of the term the Imperial Parliament. In addition to this, each State has its own House of Assembly, called the Landtag, for the settlement of affairs concerning that State only.

866. inhaltschwer, 'significant,' 'impressive.' Literally, 'of weighty contents' (der Inhalt).

872. das Friedenswerk. 'The united German forces had fought 156 battles, 17 of which were of the first order. They had captured 26 fortresses, 6700 cannon, and 120 eagles and colours; and had made 11,650 officers and 363,000 men prisoners.'—CHAMBERS, *France: its History and Revolutions.*

INDEX TO NOTES

A.—Grammar and Language.

Aber, ii. 267.
adjectives from adverbs, i. 61.
afford, to, iii. 11.
age, i. 1.
an- in compounds, ii. 32.
angesehen, ii. 108.
answer, iii. 194.
Armbrust, ii. 181.
arms, ii. 141.
article, i. 5; iii. 252; iv. 357.
ask, to, iii. 194.
attributive construction, iv. 171, 738.
Auftrag, iii. 289.

Bahn, iv. 334.
Bannwald, ii. 226.
Beschwerde, iv. 653.
besorgen, iv. 659.
beugen and biegen, i. 68.
bewährt, iv. 547.
bringen, iii. 283.

Care, iii 220; iv. 500.
command, *syn.*, ii. 229.
comparative, iii. 228.
continue, *syn.*, iv. 425.
cunning, *syn.*, ii. 72.

Derselbe, i. 151.
dessen, iv. 414.
double prepositions, i. 143; iv. 62.
drown, to, ii. 122.

Enjoy, to, *syn.*, i. 66.
ent-, iii. 390.
er-, i. 11, 312; ii. 85, 344; iii. 211, 261; iv. 93.

Fehlen, i. 85; iii. 74.
fertig, i. 22.
Frohn, iii. 28.

Gar, i. 193.

gedenken, ii. 239; iv. 745.
gelingen, ii. 325; iv. 321.
gelten, iv. 25.
Geltung, i. 29.
gerundive, iv. 171.
gesonnen, ii. 94.
gesucht, iv. 768.
Gier, compounds of, ii. 52.
Groschen, ii. 198.
großartig, iv. 496.
Guerillakrieg, iv. 469.
Gulden, ii. 198.

Hab und Gut, i. 203.
Hakenbüchse, ii. 180.
hang, to, i. 239; ii. 172.
herbei, i. 77; iv. 454.

Immer, iii. 244.
impersonal verbs, i. 139, 207; ii. 240.

105

Kleinod, iii. 284.

Laden, iii. 277.
lauten, i. 211.
law, *syn.*, i. 52.
line, *syn.*, ii. 29.
longer, ii. 324.

Mal, compounds of, iv. 673.
mäßig, iv. 738.
mit, ii. 323.
mögen, iii. 270, 326.
Monstranz, ii. 192.
move, to, iv. 135.

Neuter verbs of motion, i. 2.

Offer, iii. 101.

Pair of, iii. 272.
passive, iv. 535.
plural verb, iv. 417.
points of compass, ii. 16.
present tense, ii. 305; iii. 1; iv. 709.

Reichstag, iv. 865.
remaining, } ii. 279.
rest,
ringen, iv. 160.
road, iv. 229.
ruchlos, iii, 48.
rücken. iv. 135.
Rücksicht, iv. 239.

Scharte, ii. 209.
Schlund, iv. 248.
schon, i. 14.
scissors, iii. 272.
separable and inseparable verbs, i. 44.
shake, to, iii. 325.
song, *syn.*, i. 116.
spannen, iv. 129.
spare, to, *syn.*, i. 151.
sprengen, i. 144.
steigen, compounds of, iii. 291.
Stimme, i. 80.
street, iv. 229.
sword, iv. 352.

Taxes, *syn.*, iii. 10.
thanks, iv. 367.

Truchseß, i. 280.
Trümmer, iv. 657.

Über, iv. 278.
unter, ii. 311; iii. 241.

Ver-, i. 79; iii. 363; iv. 604.
verbal noun, iii. 39; iv. 441.
Verlust, iv. 443.
vernehmen, ii. 112.
Vogt, ii. 87.
Vormund, i. 20.
vorzugsweise, ii. 26.

Warten, i. 135.
-weise, iii. 81.
wohl, ii. 98, 356; iv. 289.

Zinn, ii. 192.
zu- in compounds, iv. 780.
zufolge, iv. 482.
Zug, ii. 304.

INDEX TO NOTES. 107

B.—History, Geography, etc.

Anjou, Charles of, i. 35.
Army Corps, iv. 80.
Aragon, Peter of, i. 277.
Austria and Prussia, iii. 60.

Balloons, iv. 524.
Benevent, i. 41.
Bregenz, i. 75.
Burgundy, Duchy of, ii. 3.

Carrier-pigeons, iv. 524.
Champs Elysées, iv. 839.
Charles of Anjou, i. 35.
Charles the Bold, ii. 33.
Clergy, iii. 13.
Conradin, i. 17.

Diamond, Sancy, ii. 204.

Frederick II., i. 1.
Frederick of Austria, i. 26.
Forced labour, iii. 28.
Fuggers, the, ii. 204.

Garibaldi, iv. 461.
Germany, North and South, iv. 53.
German Army Corps, iv. 80.
German Military system, iv. 70.
German Parliament, iv. 865.
Girondists, iii. 187.
Guelphs, i. 37.

Hanse towns, ii. 11.
Hohenstaufens, i. 7, 62.
Hohenzollerns, iv. 5.
Horn of Uri, ii. 314.

John the Intrepid, ii. 30.
Jacobins, iii. 114.

Königgrätz, Battle of, iv. 284.

Lamballe, Princess, iii. 357.
Louis Capet, iii. 344.
Leopold of Hohenzollern, iv. 5.

Mamelukes, iv. 193.
Morat, ii. 11.

Naples and Sicily, i. 1.
Neuenburger See, ii. 118.
Neusz, ii. 77.

Paris, siege of, iv. 809.
Peter of Aragon, i. 277.
Philip the Good, ii. 31.
Popes and Emperors, i. 1.
Prussia made a kingdom, iv. 788.

Sancy Diamond, ii. 204.
Saracens, i. 98.
Sicily and Naples, i. 1.
Sicilian Vespers, i. 312.
Simon the Cobbler, iii. 334.
Summary of the War of 1870-1871, iv. 872.

Taxation, iii. 33.
Temple, the, iii. 59.
Truchsess, i. 280.

Varennes, iii. 55.